CONTEÚDO DIGITAL PARA ALUNOS

Cadastre-se e transforme seus estudos em uma experiência única de aprendizado:

Escaneie o QR Code para acessar a página de cadastro.

Complete-a com seus dados pessoais e as informações de sua escola.

Adicione ao cadastro o código do aluno, que garante a exclusividade de acesso.

1774758A5993249

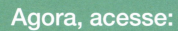

Agora, acesse:
www.editoradobrasil.com.br/leb
e aprenda de forma inovadora
e diferente! :D

Lembre-se de que esse código, pessoal e intransferível, é valido por um ano. Guarde-o com cuidado, pois é a única maneira de você utilizar os conteúdos da plataforma.

Jaime Teles da Silva
Graduado em Pedagogia
Bacharel e licenciado em Educação Física
Especializado em Educação Física Escolar
Professor na rede municipal

Letícia García
Formada em Pedagogia
Professora de Educação Infantil

Vanessa Mendes Carrera
Mestre em Educação
Pós-graduada em Alfabetização e Letramento
Graduada em Pedagogia
Professora de Educação Infantil e do 1º ano
do Ensino Fundamental

Viviane Osso L. da Silva
Pós-graduada em Neurociência Aplicada à Educação
Pós-graduada em Educação Inclusiva
Graduada em Pedagogia
Professora de Educação Infantil e do 1º ano
do Ensino Fundamental

Educação Infantil

Dados Internacionais de Catalogação na Publicação (CIP)
(Câmara Brasileira do Livro, SP, Brasil)

> Brincando com as palavras: educação infantil 1 / Jaime Teles da Silva...[et al.]. – São Paulo: Editora do Brasil, 2019.
>
> Outros autores: Letícia García, Vanessa Mendes Carrera, Viviane Osso L. da Silva.
> ISBN 978-85-10-07760-6 (aluno)
> ISBN 978-85-10-07761-3 (professor)
>
> 1. Educação infantil I. Silva, Jaime Teles da. II. García, Letícia. III. Carrera, Vanessa Mendes. IV. Silva, Viviane Osso L. da.
>
> 19-28092　　　　　　　　　　　CDD-372.21

Índices para catálogo sistemático:
1. Educação infantil 372.21
Iolanda Rodrigues Biode - Bibliotecária - CRB-8/10014

© Editora do Brasil S.A., 2019
Todos os direitos reservados

Direção-geral: Vicente Tortamano Avanso

Direção editorial: Felipe Ramos Poletti
Gerência editorial: Erika Caldin
Supervisão de arte e editoração: Cida Alves
Supervisão de revisão: Dora Helena Feres
Supervisão de iconografia: Léo Burgos
Supervisão de digital: Ethel Shuña Queiroz
Supervisão de controle de processos editoriais: Roseli Said
Supervisão de direitos autorais: Marilisa Bertolone Mendes

Supervisão editorial: Carla Felix Lopes
Coordenação pedagógica: Vanessa Mendes Carrera
Edição: Monika Kratzer
Assistência editorial: Beatriz Pineiro Villanueva
Auxílio editorial: Marcos Vasconcelos
Copidesque: Gisélia Costa e Ricardo Liberal
Revisão: Elaine Silva, Fernanda Rizzo Sanchez e Rosani Andreani
Pesquisa iconográfica: Isabela Meneses
Assistência de arte: Josiane Batista
Design gráfico: Gabriela César e Megalo Design
Capa: Megalo Design
Imagem de capa: Raitan Ohi
Ilustrações: Andreia Vieira, Brambilla, Camila Hortêncio, Eduardo Belmiro, Estúdio dois de nós, Estúdio Ornitorrinco, Flip Estúdio, Fernando Raposo, Henrique Brum, Kau Bispo e Sonia Horn
Coordenação de editoração eletrônica: Abdonildo José de Lima Santos
Editoração eletrônica: Adriana Tami
Licenciamentos de textos e produção fonográfica: Cinthya Utiyama, Jennifer Xavier, Paula Harue Tozaki e Renata Garbellini
Controle de processos editoriais: Bruna Alves, Carlos Nunes, Rafael Machado e Stephanie Paparella

1ª edição / 2ª impressão, 2020
Impresso na Melting Indústria Gráfica.

Rua Conselheiro Nébias, 887
São Paulo/SP – CEP 01203-001
Fone: +55 11 3226-0211
www.editoradobrasil.com.br

APRESENTAÇÃO

QUERIDA CRIANÇA,

VAMOS BRINCAR DE APRENDER? AFINAL, QUEM BRINCA APRENDE!

NESTE LIVRO, VOCÊ VAI CONHECER HISTÓRIAS, APRENDER BRINCADEIRAS, RECITAR CANTIGAS E PARLENDAS, BRINCAR DE ADIVINHAR, PINTAR, DESENHAR, REFLETIR SOBRE SITUAÇÕES DO DIA A DIA E COMPARTILHAR EXPERIÊNCIAS COM OS COLEGAS.

VOCÊ TAMBÉM VAI CRIAR E RECRIAR ARTE DO SEU JEITINHO, EXPLORANDO DIVERSOS MATERIAIS E DESCOBRINDO FORMAS CRIATIVAS DE UTILIZÁ-LOS.

FICOU ANIMADA?

ENTÃO, EMBARQUE NESTA DIVERTIDA APRENDIZAGEM E BOA BRINCADEIRA!

OS AUTORES

SUMÁRIO

BRINCANDO COM CANTIGA .... 6 A 16

CANTIGA; ANIMAIS: AVES, PARTES DO CORPO, ALIMENTAÇÃO, PEGADAS; CORES; PINTURA: LIVRE, COM MATERIAL DOURADO, POR IDENTIFICAÇÃO DE SEMELHANÇAS; DESENHO LIVRE; ADIVINHA; PARLENDA; CARTA; COLAGEM DE ADESIVOS E PICOTES; PARTES DA CASA; TRAÇADO LIVRE COM O DEDO E TINTA GUACHE; TRAÇADO CIRCULAR; COBERTURA DE TRACEJADO; FIGURAS GEOMÉTRICAS; BRINCANDO COM ARTE: CONFECÇÃO DE UM PAPAGAIO.

BRINCANDO COM TRAVA-LÍNGUA .... 17 A 28

TRAVA-LÍNGUA; PINTURA: LIVRE, COM GIZ DE CERA, COM LÁPIS DE COR, COM TINTA A DEDO; TRAÇADO LIVRE; TRAÇADO LIVRE DE CAMINHO COM MAIS DE UMA OPÇÃO; TRAÇADO DE X; TRAÇADO DE CAMINHO EM LABIRINTO; COLAGEM DE LANTEJOULAS; COLAGEM DE ADESIVOS; COLAGEM DE PAPEL COM TEXTURA; CORES; PEÇAS DE ROUPA; PARTES DO CORPO HUMANO; IDENTIFICAÇÃO DE DIFERENÇAS; ASSOCIAÇÃO ENTRE IMAGENS; MAMÍFEROS; ESTABELECIMENTO DE RELAÇÕES ESPACIAIS; CANTIGA; CARTA; DESENHO LIVRE.

BRINCANDO COM PARLENDA .... 29 A 39

PARLENDA; CORES; TRAVA-LÍNGUA; POEMA; ADIVINHA; PINTURA: COM RASPAS DE GIZ, COM LÁPIS DE COR, COM GIZ DE CERA, COM TINTA A DEDO; TRAÇADO COM COLA COLORIDA; TRAÇADO CIRCULAR; COLAGEM DE ALGODÃO; MODELAGEM E COLAGEM DE BOLINHA DE PAPEL; RECONHECIMENTO VISUAL DE CARACTERÍSTICAS; COBERTURA DE TRACEJADO; ANFÍBIOS; DESENHO COM LÁPIS GRAFITE.

BRINCANDO COM CANTIGA .... 40 A 52

CANTIGA; TRAÇADO LIVRE E CIRCULAR; PIADA; COLAGEM DE ADESIVOS E PICOTES; COLAGEM DE FOTOGRAFIA OU DESENHO LIVRE; IDENTIFICAÇÃO DE SEMELHANÇAS; COLAGEM DE MATERIAL TEXTURIZADO; FRUTAS; PINTURA: LIVRE, COM PINCEL E AQUARELA, COM LÁPIS DE COR; OBJETOS ÚTEIS NA PRAIA; FUNDO DO MAR; PEIXES; ATENÇÃO SELETIVA PARA RECONHECIMENTO DE FIGURAS; CONTAGEM ATÉ 5; TRAÇADO DE X; DESENHO COM CANETINHA HIDROCOR; EXPRESSÃO ORAL SOBRE VIVÊNCIA PESSOAL; PEÇAS DE ROUPA APROPRIADAS À ATIVIDADE; PARTES DO CORPO HUMANO; ADIVINHA; TRAÇADO DE CONTORNO COM COLA COLORIDA.

BRINCANDO COM POEMA .... 53 A 65

POEMA; COLAGEM DE ADESIVOS; COLAGEM DE MATERIAL TEXTURIZADO E BRILHANTE; ATENÇÃO SELETIVA AUDITIVA; RELAÇÃO ENTRE IMAGENS E TEXTO; ADIVINHA; CANTIGA; CORES; PARTES DO CORPO HUMANO; PEÇAS DO VESTUÁRIO; PINTURA COM LÁPIS DE COR OU GIZ DE CERA; TRAÇADO LIVRE COM LÁPIS GRAFITE; DESENHO E PINTURA LIVRES; PINTURA E CARIMBO DA MÃO COM ROLINHO E TINTA GUACHE; DIFERENCIAÇÃO ENTRE CLARO E ESCURO; CONTAÇÃO DE HISTÓRIA; TRAÇADO DE CAMINHO; SEQUENCIAÇÃO EM ORDEM CRONOLÓGICA; MAMÍFEROS; DESENHO DE PEGADAS PARA FORMAR UM CAMINHO; BRINCANDO COM ARTE: CONFECÇÃO DE UM NAVIO PIRATA.

BRINCANDO COM CANTIGA .... **66 A 70**

CANTIGA; PINTURA: COM LÁPIS DE COR, COM GIZ DE CERA; COLAGEM DE ALGODÃO; MAMÍFEROS; TRAÇADO DE CAMINHO COM LÁPIS; IDENTIFICAÇÃO DE DIFERENÇAS; CONTAGEM ATÉ 7; TRAÇADO DE **X**.

BRINCANDO COM TEXTO INFORMATIVO .... **71 A 79**

TEXTO INFORMATIVO; PINTURA COM COLA COLORIDA E *GLITTER*; CORES; ADIVINHA; AVES; PINTURA: COM LÁPIS DE COR, COM GIZ DE CERA; QUADRINHA; TRAÇADO CIRCULAR; IDENTIFICAÇÃO DE SEMELHANÇAS; COLAGEM DE FITAS DE CETIM; DESENHO COM CANETINHA HIDROCOR; COBERTURA DE TRACEJADO; OBRA DE ARTE; BRINCANDO COM ARTE: CONFECÇÃO DE UM PAVÃO.

BRINCANDO COM POEMA .... **80 A 87**

POEMA; ADIVINHA; PARLENDA; COBERTURA DE TRACEJADO COM LÁPIS GRAFITE; IDENTIFICAÇÃO DE SITUAÇÕES DE BRINCADEIRA; TRAÇADO DE **X**; COBERTURA DE TRAÇADO COM TINTA A DEDO; VOGAIS EM LETRA BASTÃO.

BRINCANDO COM CANTIGA .... **88 A 98**

CANTIGA; PINTURA LIVRE; TRAVA-LÍNGUA; COBERTURA DE TRACEJADO DAS VOGAIS EM LETRA BASTÃO; COLAGEM DE PICOTE; TRAÇADO LIVRE; ASSOCIAÇÃO ENTRE IMAGEM E PALAVRA; ADIVINHA; PARLENDA; ENCONTROS VOCÁLICOS: COBERTURA DE TRACEJADO E ESCRITA; DESENHO PARA REPRESENTAR UMA PALAVRA; REVISÃO DAS VOGAIS.

BRINCANDO COM HISTÓRIA .... **99 A 120**

NARRATIVA; VOGAIS CURSIVAS MINÚSCULAS: COBERTURA DE TRACEJADO E ESCRITA; ASSOCIAÇÃO ENTRE VOGAIS EM LETRA BASTÃO E LETRA CURSIVA MINÚSCULA; DESENHO LIVRE; ASSOCIAÇÃO ENTRE IMAGENS E PALAVRAS; POEMA; ORDEM ALFABÉTICA DAS VOGAIS; PINTURA CONFORME A LEGENDA; TRAVA-LÍNGUA; RECORTE DE JORNAIS E REVISTAS; TRAÇADO CIRCULAR; COLAGEM DE PICOTE; PINTURA COM AQUARELA; ASSOCIAÇÃO ENTRE O SOM DAS VOGAIS E O SOM INICIAL DO NOME DE FIGURAS; TRAÇADO DE **X**; BRINCANDO COM ARTE: CONFECÇÃO DE JOGO DA MEMÓRIA DAS VOGAIS.

BRINCANDO COM TRAVA-LÍNGUA .... **121 A 124**

TRAVA-LÍNGUA; COBERTURA DE TRACEJADO DE VOGAIS EM LETRA BASTÃO E CURSIVA MINÚSCULA; ASSOCIAÇÃO ENTRE IMAGEM E PALAVRA; COLAGEM DE ADESIVOS E PICOTES; RECONHECIMENTO DE PALAVRAS EM UM TEXTO; COBERTURA DE TRACEJADO DE ENCONTROS VOCÁLICOS EM LETRA BASTÃO E LETRA CURSIVA MINÚSCULA; ASSOCIAÇÃO ENTRE PALAVRA E SITUAÇÃO.

BRINCANDO COM POEMA .... **125 A 128**

POEMA; PARLENDA; QUADRINHA; CORES; RECONHECIMENTO DE VOGAIS EM PALAVRAS E TEXTOS; RECONHECIMENTO DE ENCONTROS VOCÁLICOS EM PALAVRAS E TEXTOS; COLAGEM DE ADESIVOS; DESENHO LIVRE; ORGANIZAÇÃO DE VERSOS DE UMA PARLENDA; ESCRITA DE VOGAIS PARA COMPLETAR PALAVRAS; ESCRITA DE ENCONTROS VOCÁLICOS.

ENCARTES DE ADESIVOS .... **129 A 136**

ENCARTES DE PICOTES .... **137 A 144**

BRINCANDO COM CANTIGA

PINTE O PAPAGAIO LOURO.

PAPAGAIO LOURO

PAPAGAIO LOURO
DO BICO DOURADO
MANDA ESSA CARTINHA
PARA O MEU NAMORADO.

SE ESTIVER DORMINDO,
BATA NA PORTA.
SE ESTIVER ACORDADO,
DEIXA RECADO.

CANTIGA.

DE QUE COR É O BICO DO PAPAGAIO LOURO DA CANTIGA?
DEIXE O BICO DO PAPAGAIO DOURADO.

O QUE É, O QUE É?

VIAJA LONGAS DISTÂNCIAS,
MAS NÃO ANDA COM SEUS PRÓPRIOS PÉS.

ADIVINHA.

CUBRA O TRACEJADO PARA SABER O QUE FOI LEVADO PELO PAPAGAIO LOURO. DEPOIS, PINTE O DESENHO FORMADO.

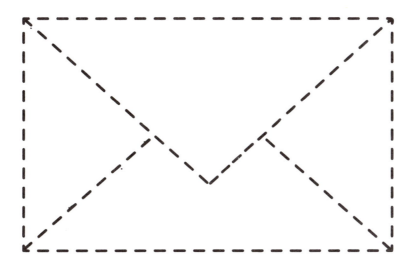

AGORA, DESENHE ABAIXO O QUE VOCÊ ACHA QUE TINHA NA CARTINHA.

DESTAQUE AS FIGURAS DA PÁGINA 137 E COLE-AS ABAIXO PARA MONTAR A CASINHA PARA ONDE O PAPAGAIO LEVARÁ A CARTINHA.

JANELA, JANELINHA

JANELA, JANELINHA
PORTA, CAMPAINHA
DING DONG.

PARLENDA.

MOLHE O DEDO NA TINTA GUACHE E LEVE O PAPAGAIO LOURO ATÉ A CASINHA.

VOCÊ SABE DE QUE SE ALIMENTA UM PAPAGAIO?

DESTAQUE AS FIGURAS DA PÁGINA 129 E COLE ABAIXO APENAS OS ALIMENTOS QUE FAZEM PARTE DA ALIMENTAÇÃO DESSA AVE.

OBSERVE O PRIMEIRO PAPAGAIO. DEPOIS, PINTE O SEGUNDO PAPAGAIO DE ACORDO COM O PRIMEIRO.

VOCÊ JÁ VIU OS PÉS DE UM PAPAGAIO?
CIRCULE AS PEGADAS DO PAPAGAIO.

> PAPAGAIO COME MILHO,
> PERIQUITO LEVA A FAMA.
> CANTAM UNS E CHORAM OUTROS,
> TRISTE SINA DE QUEM AMA.
>
> PARLENDA.

BRINCANDO COM ARTE

QUE TAL CRIAR SEU PRÓPRIO PAPAGAIO?
SIGA O PASSO A PASSO E, DEPOIS, BRINQUE À VONTADE.

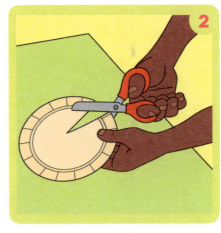

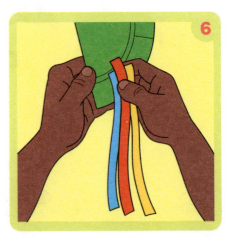
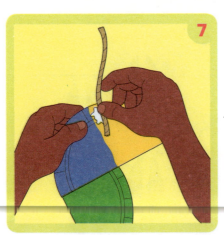
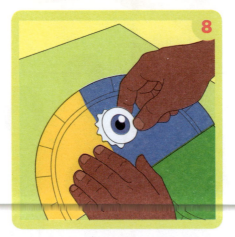
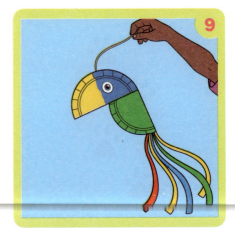

BRINCANDO COM TRAVA-LÍNGUA

RECITE O TRAVA-LÍNGUA, PINTE A COROA DO REI E ENFEITE-A COM LANTEJOULAS.

O RATO ROEU A ROUPA DO REI DE ROMA.
A RAINHA VIU E RIU.

TRAVA-LÍNGUA.

ONDE ESTÃO AS ROUPAS DO REI DE ROMA?

DESTAQUE AS FIGURAS DA PÁGINA 129 E VISTA O REI COLANDO AS PEÇAS DE ROUPA ADEQUADAMENTE. DEPOIS, PINTE O RATINHO E AS ROUPAS RASGADAS.

UM REI NÃO PODE USAR ROUPAS ROÍDAS!

PINTE AS ROUPAS QUE ELE PODE USAR E FAÇA UM X NAS ROUPAS ROÍDAS.

QUEM ROEU A ROUPA DO REI DE ROMA?

LIGUE A ROUPA DO REI AO ROEDOR CORRETO. DEPOIS, PINTE OS ANIMAIS.

COMO SERÁ QUE ERA O RATO QUE ROEU A ROUPA DO REI?
DEIXE O CORPO DO RATO **CINZA**.

PEGA O RATO, DORME O GATO,
FOGE O RATO, PEGA O GALO,
DORME O RATO, FOGE O PATO,
PEGA O RATO, DORME O PATO,
FOGE O GATO.

TRAVA-LÍNGUA.

LEVE O RATO ATÉ O CASTELO DO REI DESVIANDO DAS ROLHAS. DEPOIS, PINTE O RATO.

O RATO ROEU A ROLHA DA GARRAFA DO REI DA RÚSSIA.

TRAVA-LÍNGUA.

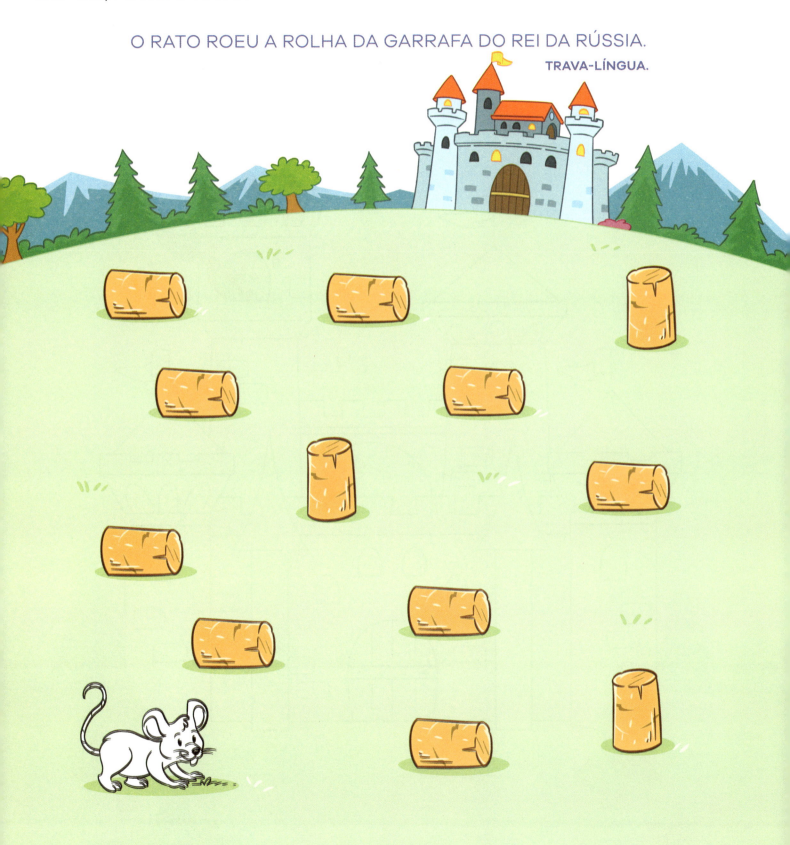

VOCÊ JÁ VIU UM CASTELO? COMO ELES COSTUMAM SER? PINTE O CASTELO.

O CASTELO PEGOU FOGO

O CASTELO PEGOU FOGO,
SÃO FRANCISCO DEU SINAL:
ACODE, ACODE, ACODE
A BANDEIRA NACIONAL!

CANTIGA.

MOLHE O DEDO NA TINTA **AZUL** E AJUDE O PRÍNCIPE A APAGAR O FOGO DO CASTELO.

O PRÍNCIPE

O PRINCÍPIO PRINCIPAL DO PRÍNCIPE PRINCIPIAVA PRINCIPALMENTE NO PRINCÍPIO PRINCIPESCO DA PRINCESA.

TRAVA-LÍNGUA.

O REI E A RAINHA ESTAVAM VIAJANDO, ENTÃO O PRÍNCIPE ENVIOU UM MENSAGEIRO PARA AVISÁ-LOS SOBRE O FOGO NO CASTELO.

AJUDE O MENSAGEIRO A CHEGAR ATÉ O REI E A RAINHA.

DESENHE NO PAPEL ABAIXO O QUE TINHA NA CARTA ENVIADA PELO PRÍNCIPE.

BRINCANDO COM PARLENDA

RECITE A PARLENDA E COLE ALGODÃO NA NUVEM. DEPOIS, FAÇA COM COLA COLORIDA **AZUL** A CHUVA CAINDO DA NUVEM.

CHUVA CHOVEU,
GOTEIRA PINGOU.
PERGUNTE AO PAPUDO
SE O PAPO MOLHOU.

PARLENDA.

QUEM VOCÊ ACHA QUE É O PAPUDO DA PARLENDA?
CIRCULE O ANIMAL QUE ESTÁ COM O PAPO MOLHADO E DESCUBRA.

A ÁGUA DA CHUVA MOLHOU A NATUREZA E OS ANIMAIS.
CUBRA O TRACEJADO PARA COMPLETAR O SAPO. DEPOIS, PINTE-O.

CANTO NA BEIRINHA,
VIVO NA ÁGUA.
NÃO SOU PEIXINHO
NEM SOU CIGARRA.
QUEM SOU EU?

ADIVINHA.

O SAPO GOSTA MUITO DE CHUVA E SAIU FELIZ PULANDO DE POÇA EM POÇA.

MOLHE O DEDO NA TINTA **VERDE** PARA COLORIR OS PULOS DO SAPO.

ENQUANTO O SAPO PULAVA, ACABOU CAINDO EM UMA ENORME POÇA DE ÁGUA.

COLE BOLINHAS DE PAPEL AZUL PARA FAZER A POÇA DE ÁGUA.

UM FORTE VENTO AJUDOU O SAPO A SAIR DA POÇA DE ÁGUA.

USE RASPAS DE GIZ DE CERA PARA PINTAR O DESENHO QUE O VENTO FEZ NO CÉU.

OLHA O SAPO DENTRO DO SACO.
O SACO COM O SAPO DENTRO.
O SAPO BATENDO PAPO,
E O PAPO SOLTANDO VENTO.

TRAVA-LÍNGUA.

PARA NÃO SE MOLHAR COMO O SAPO, MARIANA PRECISOU DE UM OBJETO QUE A PROTEGESSE DA CHUVA.

PINTE O GUARDA-CHUVA.

UM GUARDA-CHUVA

TENHO UM GUARDA-CHUVA
BRANCO E AZULZINHO,
LEVO-O PELA RUA
COM MUITO JEITINHO.

O MEU GUARDA-CHUVA
PARECE UMA ONDA,
VARETAS BRILHANTES
E COPA REDONDA.

LEVE, DANÇARINO,
SE O VENTO SOPRAR,
FICA VIRADINHO,
DE PERNAS PRO AR.

POEMA.

NO DIA SEGUINTE, O SAPO E A MARIANA TIVERAM UMA SURPRESA: O SOL APARECEU E AJUDOU A SECAR TODA AQUELA ÁGUA.

DESENHE E PINTE O SOL.

O QUE É, O QUE É?

SOU AMADO POR TODOS,
PORQUE A TODOS FAÇO BEM.
SIRVO TAMBÉM DE RELÓGIO
AOS QUE RELÓGIO NÃO TÊM.

ADIVINHA.

BRINCANDO COM CANTIGA

CANTE A CANTIGA E LIGUE A MENINA AO QUE ELA FOI BUSCAR NO MAR. DEPOIS, PINTE AS FIGURAS.

FUI NO MAR

FUI NO MAR BUSCAR LARANJA,
COISA QUE O MAR NÃO TEM.
VOLTEI TODA MOLHADINHA
DAS ONDAS QUE VÃO E VÊM.

CANTIGA PORTUGUESA.

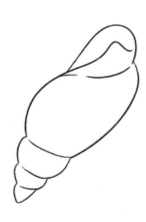

AGORA, CIRCULE O PEDAÇO QUE COMPLETA A LARANJA.

VOCÊ JÁ ENCONTROU UMA LARANJA NA AREIA DA PRAIA? ENFEITE A LARANJA COM OS MATERIAIS QUE DESEJAR.

JÁ QUE A MENINA NÃO ENCONTROU LARANJA NO MAR, O QUE VOCÊ ACHA QUE EXISTE NELE?

PINTE O FUNDO DO MAR USANDO AQUARELA E PINCEL.

NO FUNDO DO MAR EXISTEM MUITAS ESPÉCIES DE PEIXE. FAÇA UM **/** NO TUBARÃO E CIRCULE MAIS CINCO PEIXINHOS NA IMAGEM ABAIXO.

VOCÊ JÁ NADOU NO MAR? GOSTA DE ONDAS? VOCÊ COSTUMA USAR BOIAS PARA NADAR?

COM CANETINHA HIDROCOR, DESENHE-SE NADANDO NESTE MAR.

O QUE É QUE A AREIA DISSE PARA O MAR?

PIADA.

O QUE PRECISAMOS LEVAR PARA A PRAIA?

DESTAQUE AS FIGURAS DA PÁGINA 131 E COLE ABAIXO AQUELAS QUE NÃO PODEM FALTAR NA BOLSA DE PRAIA.

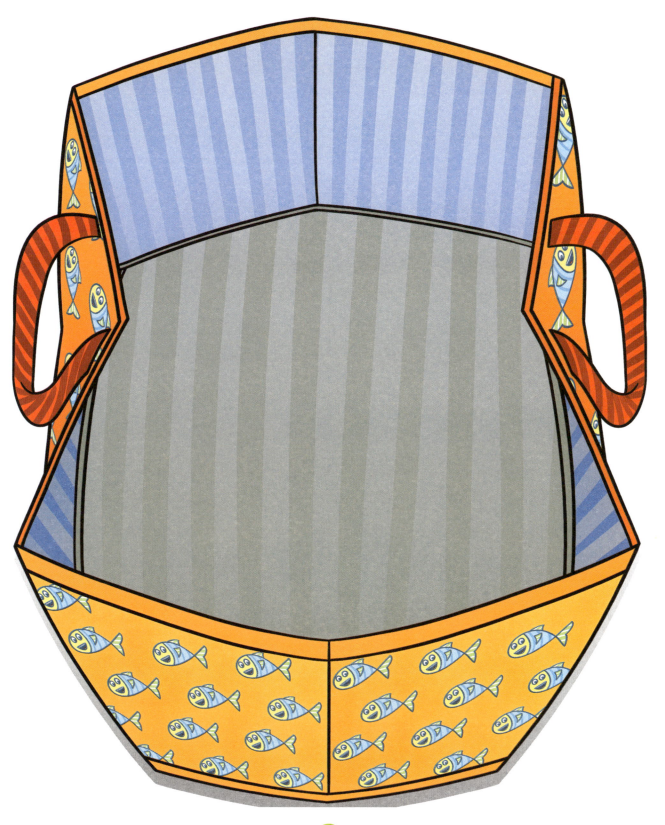

VOCÊ JÁ FOI À PRAIA? COM QUEM?

COLE ABAIXO UMA OU MAIS FOTOGRAFIAS DE UM PASSEIO À PRAIA QUE VOCÊ TENHA FEITO.

DEPOIS, CONTE AOS COLEGAS E AO PROFESSOR AQUILO DE QUE MAIS GOSTOU.

CASO NUNCA TENHA IDO À PRAIA, DESENHE COMO IMAGINA QUE SEJA ESSA EXPERIÊNCIA.

HOJE É DIA DE PRAIA!

PINTE AS CRIANÇAS. DEPOIS, DESTAQUE AS FIGURAS DA PÁGINA 139 E VISTA AS CRIANÇAS PARA IREM À PRAIA.

ANA E BRUNO OBSERVAM PIPAS NA PRAIA.

VEJA SÓ QUANTAS PIPAS! USE COLA COLORIDA PARA ENFEITAR O CONTORNO DELAS.

TENHO CAUDA, MAS NÃO SOU CÃO.
NÃO TENHO ASAS, MAS SEI VOAR.
SE ME LARGAM, EU NÃO SUBO.
SAIO AO VENTO PARA BRINCAR.
QUEM SOU EU?

ADIVINHA.

BRINCANDO COM POEMA

DESTAQUE AS FIGURAS DA PÁGINA 131 E COLE AO REDOR DO POEMA APENAS AS QUE CORRESPONDEM AOS ELEMENTOS CITADOS NELE.

QUEM TEM O QUÊ

SAPATO TEM PÉ,
PASSARINHO TEM ÁRVORE,
FOGUEIRA, CARVÃO.

OVO TEM NINHO,
BICICLETA TEM BRISA,
MORCEGO, ESCURIDÃO.

HISTÓRIAS TÊM LIVROS,
TESOUROS TÊM PIRATAS,
VACAS, BOIS.

LÁGRIMA TEM SAUDADE,
PAÍS TEM MAPA,
ANTES, DEPOIS.

LALAU E LAURABEATRIZ. QUEM É QUEM. SÃO PAULO: COMPANHIA DAS LETRINHAS, 2002. P. 19.

O POEMA DIZ QUE SAPATO TEM PÉ.

OBSERVE AS IMAGENS, DESCUBRA O PÉ QUE ESTÁ NA POSIÇÃO CORRETA PARA ENCAIXAR NO SAPATO E FAÇA UMA ● NELE. DEPOIS, PINTE O SAPATO.

O QUE É, O QUE É?

QUANDO A GENTE FICA EM PÉ,
ELE FICA DEITADO.
QUANDO A GENTE FICA DEITADO,
ELE FICA EM PÉ.

ADIVINHA.

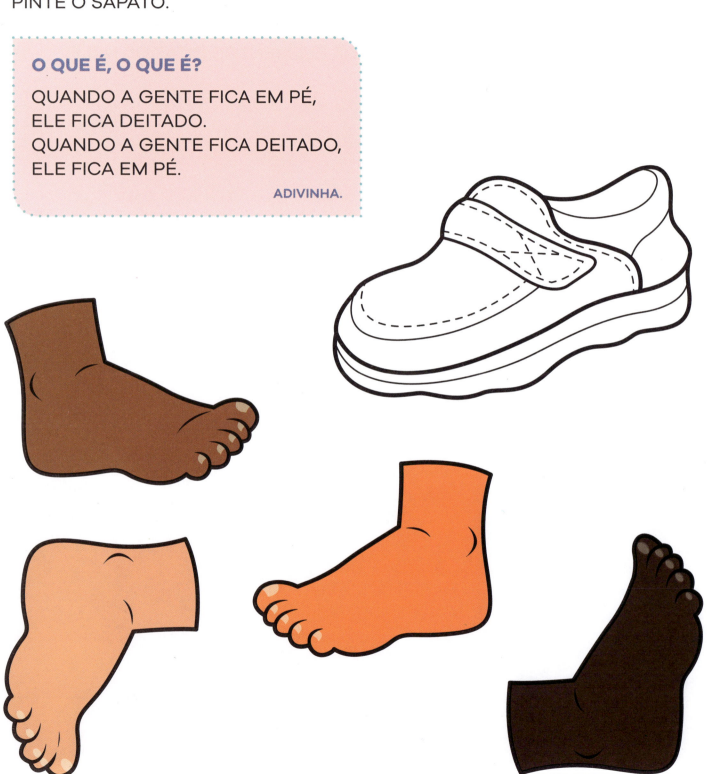

NO POEMA, O PASSARINHO TEM O QUÊ?

LEVE O PASSARINHO AO LUGAR INDICADO NO POEMA.

AGORA, DESENHE NO NINHO O QUE O POEMA DIZ QUE ELE TEM E PINTE AS IMAGENS.

O POEMA DIZ QUE FOGUEIRA TEM CARVÃO. VOCÊ JÁ VIU COMO FICAM AS CINZAS DE UMA FOGUEIRA?

COM UM ROLINHO, PASSE TINTA GUACHE **AMARELA** NA PALMA DE UMA DE SUAS MÃOS E CARIMBE-A ABAIXO PARA FAZER O FOGO DA FOGUEIRA. DEPOIS, FAÇA A MESMA COISA COM TINTA **VERMELHA**.

CAMILA SAIU PARA UM PASSEIO DE BICICLETA E, ALÉM DA BRISA, VEJA SÓ O QUE APARECEU!

ENFEITE O MORCEGO COMO PREFERIR. DEPOIS, FAÇA A ESCURIDÃO AO SEU REDOR.

[...]
BICICLETA TEM BRISA,
MORCEGO, ESCURIDÃO. [...]

LALAU E LAURABEATRIZ. QUEM É QUEM. SÃO PAULO: COMPANHIA DAS LETRINHAS, 2002. P. 19.

O POEMA DA PÁGINA 53 DIZ QUE OS LIVROS TÊM HISTÓRIAS...
DESENHE UMA HISTÓRIA NAS PÁGINAS DESTE LIVRO E, DEPOIS, CONTE-A AOS COLEGAS E AO PROFESSOR.

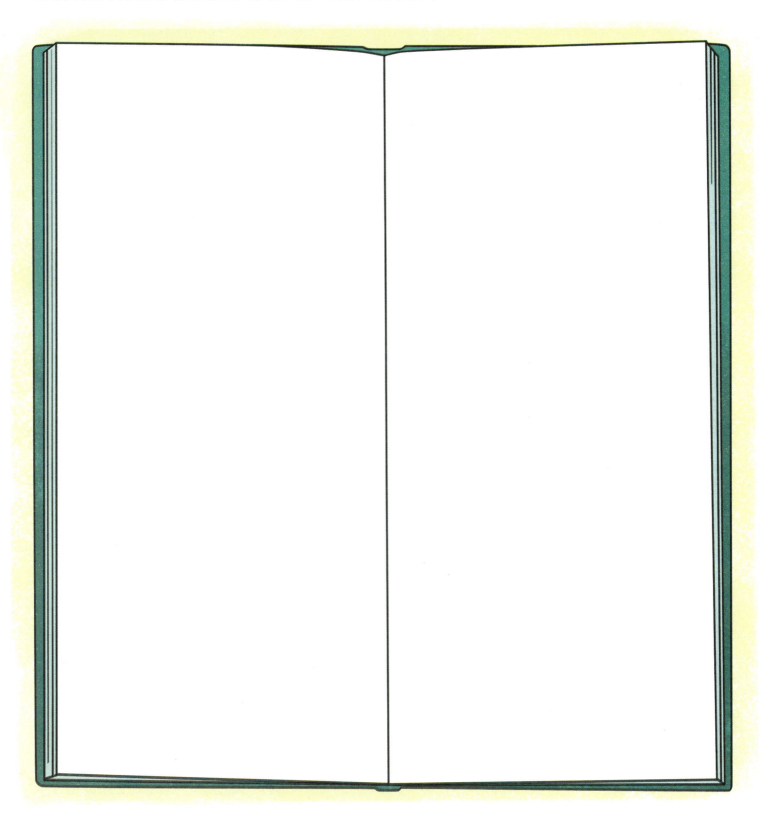

VOCÊ CONHECE ALGUMA HISTÓRIA DE PIRATAS? LEVE O PIRATA ATÉ O TESOURO.

CADÊ O TESOURO DOS PIRATAS?
ENCHA O BAÚ COM TESOUROS!

O PIRATA TEM PERNA DE PAU...
MAS QUER FAZER CIRURGIA, COLOCAR PERNA MECÂNICA.
AGORA É SÓ ALEGRIA!

RENATA BUENO. É SEMPRE ASSIM. SÃO PAULO: EDITORA DO BRASIL, 2015. P. 10 E 12.

 **BRINCANDO COM ARTE**

QUE TAL FAZER UM NAVIO PIRATA?

SIGA O PASSO A PASSO E, DEPOIS, BRINQUE À VONTADE.

MATERIAL: CARTOLINA, PALITO DE MADEIRA, TINTA GUACHE, PINCEL, CAIXA DE OVOS, FURADOR.

DECORE OS RETÂNGULOS DE CARTOLINA DA FORMA QUE QUISER. ELES SERÃO AS VELAS DO NAVIO.

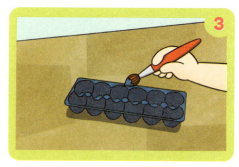

PINTE A CAIXA DE OVOS COM TINTA GUACHE. ELA SERÁ A BASE DO NAVIO.

COM A AJUDA DO PROFESSOR, FAÇA DOIS FUROS EM CADA RETÂNGULO DE CARTOLINA.

ENCAIXE OS RETÂNGULOS DE CARTOLINA NOS PALITOS DE MADEIRA.

COM A AJUDA DO PROFESSOR, ESPETE OS PALITOS NA CAIXA DE OVOS. ESTÁ PRONTO SEU NAVIO.

QUE OUTROS ANIMAIS SÃO CITADOS NO FINAL DO POEMA DA PÁGINA 53?

USE GIZ DE CERA PARA LEVAR A VACA ATÉ O BOI FAZENDO AS MARCAS DAS PEGADAS DELA.

BOI DA CARA PRETA

BOI, BOI, BOI,
BOI DA CARA PRETA
PEGUE ESTE MENINO
QUE TEM MEDO DE CARETA.

CANTIGA.

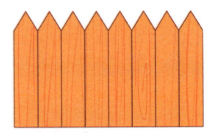

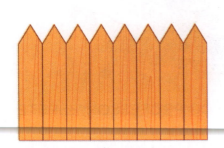

[...] LÁGRIMA TEM SAUDADE,
PAÍS TEM MAPA,
ANTES, DEPOIS.

LALAU E LAURABEATRIZ. QUEM É QUEM. SÃO PAULO: COMPANHIA DAS LETRINHAS, 2002. P. 19.

ANTES TEM DEPOIS. VOCÊ SABE O QUE VEM PRIMEIRO?

OBSERVE AS CENAS DA PÁGINA 133, DESTAQUE-AS E COLE-AS ABAIXO NA ORDEM CERTA.

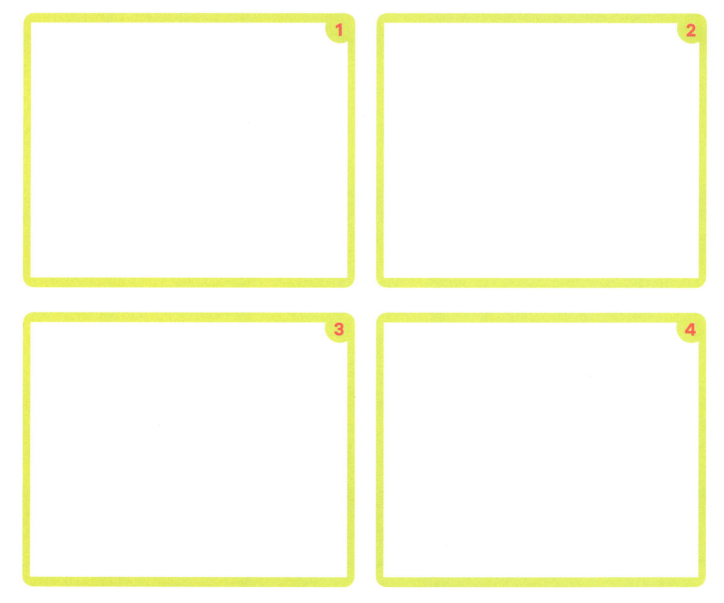

PINTE A CENA ABAIXO.

PASTORZINHO

HAVIA UM PASTORZINHO
QUE ANDAVA A PASTORAR
SAIU DE SUA CASA
E PÔS-SE A CANTAR.

DO, RÉ, MI, FÁ, FÁ, FÁ
DO, RÉ, DO, RÉ, RÉ, RÉ
DO, SOL, FÁ, MI, MI, MI
DO, RÉ, MI, FÁ, FÁ, FÁ.

CHEGANDO AO PALÁCIO
A PRINCESA LHE FALOU:
— ALEGRE PASTORZINHO,
SEU CANTO ME AGRADOU.

DO, RÉ, MI, FÁ, FÁ, FÁ
DO, RÉ, DO, RÉ, RÉ, RÉ
DO, SOL, FÁ, MI, MI, MI
DO, RÉ, MI, FÁ, FÁ, FÁ.

CANTIGA.

O PASTORZINHO CANTAROLAVA ENQUANTO PASTOREAVA. PINTE O PASTORZINHO E COLE ALGODÃO NAS OVELHAS.

AS OVELHAS ESTÃO DESCENDO O MORRO!
LEVE ATÉ O REBANHO A OVELHA QUE FICOU PARA TRÁS.

SOU UMA OVELHA
DE FINA LÃ
ESTOU SEMPRE PERTO
DAS MINHAS IRMÃS.

QUADRINHA.

UM PASTOR DE OVELHAS CUIDA DE SEU REBANHO E O GUIA.

OBSERVE AS IMAGENS, COMPARE-AS E ENCONTRE SETE DIFERENÇAS NA SEGUNDA CENA. MARQUE-AS COM UM **X**.

BRINCANDO COM TEXTO INFORMATIVO

USANDO COLA COLORIDA, PINTE O CORPO DO PAVÃO DE **AZUL** E A CAUDA DE **VERDE**. DEPOIS, APLIQUE *GLITTER*.

CURIOSIDADE

A CAUDA DO PAVÃO PODE ATINGIR 2 METROS E TEM CERCA DE 200 PENAS!

TODA ESSA BELEZA É ENCONTRADA NOS MACHOS E SERVE PARA ENCANTAR AS FÊMEAS.

Shawn Hempel/Shutterstock.com

DESCUBRA A RESPOSTA DA ADIVINHA.

> **O QUE É, O QUE É?**
>
> COLORIDA E BEM BONITA,
> ENCANTA AO APARECER,
> ESTÁ SEMPRE DESFILANDO
> PARA O CORTEJO ACONTECER.
>
> **ADIVINHA.**

PINTE O DESENHO CORRESPONDENTE À RESPOSTA DA ADIVINHA.

GALINHA

PAVÃO

ARARA

CIRCULE DE **VERDE** O OBJETO QUE SE ASSEMELHA À CAUDA ABERTA DE UM PAVÃO.

AVISTO DE LONGE
UM FORMOSO PAVÃO
DE PLUMAGEM EM LEQUE
E CORES DE MONTÃO.

QUADRINHA.

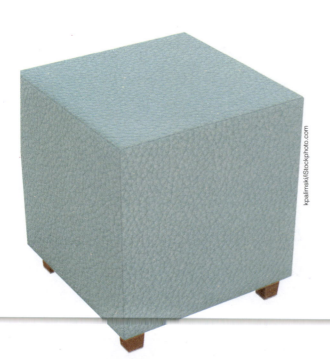

ESTE PAVÃO ESTÁ SEM A CAUDA!
COLE FITAS DE CETIM COLORIDAS PARA FAZER A CAUDA DO PAVÃO.

> SEM CORES ME ENTRISTEÇO,
> NÃO CONSIGO DESFILAR.
> SINTO FALTA DE MINHA CAUDA,
> ONDE É QUE FOI PARAR?
>
> **QUADRINHA.**

Jaime Teles da Silva
Graduado em Pedagogia
Bacharel e licenciado em Educação Física
Especializado em Educação Física Escolar
Professor na rede municipal

Letícia García
Formada em Pedagogia
Professora de Educação Infantil

Vanessa Mendes Carrera
Mestre em Educação
Pós-graduada em Alfabetização e Letramento
Graduada em Pedagogia
Professora de Educação Infantil e do 1º ano
do Ensino Fundamental

Viviane Osso L. da Silva
Pós-graduada em Neurociência Aplicada à Educação
Pós-graduada em Educação Inclusiva
Graduada em Pedagogia
Professora de Educação Infantil e do 1º ano
do Ensino Fundamental

CADERNO DE ATIVIDADES

Educação Infantil

LEVE A GATINHA ATÉ O NOVELO DE LÃ E PINTE O DESENHO BEM COLORIDO. DEPOIS, CANTE A CANTIGA.

A GATINHA PARDA

MINHA GATINHA PARDA,
QUE EM JANEIRO ME FUGIU,
ONDE ESTÁ MINHA GATINHA,
VOCÊ SABE, VOCÊ SABE, VOCÊ VIU?

CANTIGA.

PINTE AS BOLAS IGUAIS COM A MESMA COR.

AJUDE PAULO A CHEGAR ATÉ O VASO PARA REGÁ-LO. DEPOIS, PINTE OS DESENHOS.

EM CADA SEQUÊNCIA, CIRCULE A FRUTA QUE ESTÁ NA POSIÇÃO DIFERENTE. DEPOIS, PINTE TODAS AS FRUTAS.

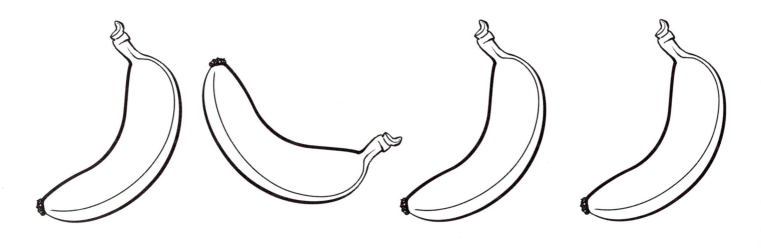

CUBRA O TRACEJADO DA CONCHA DO CARACOL COM CANETINHA HIDROCOR E PINTE-O. DEPOIS, COMPLETE A CENA DESENHANDO O LOCAL ONDE ELE VIVE.

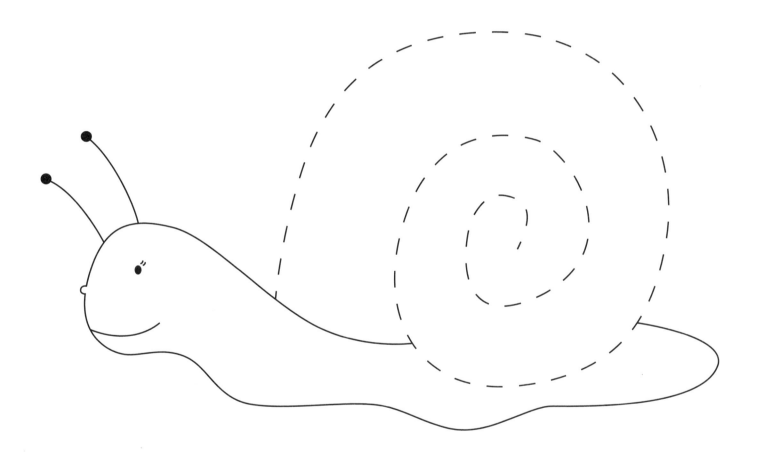

DESENHE AS BOLINHAS DE SABÃO QUE PEDRO ESTÁ SOPRANDO. DEPOIS, PINTE-AS COM GIZ DE CERA.

CUBRA OS TRACEJADOS E AJUDE O SAPINHO A CHEGAR À FOLHA.

PINTE OS ESPAÇOS COM AS CORES INDICADAS E DESCUBRA O ANIMAL QUE ESTÁ ESCONDIDO.

AGORA, DESENHE UM NINHO COM OVINHOS PARA ESSE PASSARINHO.

LIGUE CADA BICHINHO DE JARDIM A SUA SOMBRA.

COMPLETE OS DESENHOS COM AS PARTES QUE FALTAM E DEPOIS PINTE-OS.

CUBRA O TRACEJADO DAS CAIXAS DE PRESENTE COM LÁPIS DA MESMA COR DO LAÇO.

AJUDE A FORMIGUINHA A CHEGAR AO FORMIGUEIRO. USE GIZ DE CERA DE CORES DIFERENTES!

CONTINUE DESENHANDO A CERCA DO PASTO DA VAQUINHA. DEPOIS, COMPLETE A CENA COM O LOCAL ONDE ELA VIVE E PINTE O DESENHO.

O AVIÃO FEZ MUITAS PIRUETAS NO CÉU! CUBRA O RASTRO QUE ELE DEIXOU COM CANETINHA HIDROCOR. DEPOIS, PINTE O DESENHO.

DE QUEM É ESSA PEGADA? PINTE A PEGADA QUE CORRESPONDE A CADA ANIMAL.

PINTE O URSINHO E COLE PAPEL-CAMURÇA NA BARRIGA DELE.

QUE LINDA FLORZINHA! CUBRA AS PÉTALAS DELA COM CANETINHA HIDROCOR.

AJUDE MARIA A CHEGAR À MACIEIRA. DEPOIS, PINTE O DESENHO BEM COLORIDO.

CUBRA O TRACEJADO DAS VOGAIS E ESCREVA-AS ABAIXO.

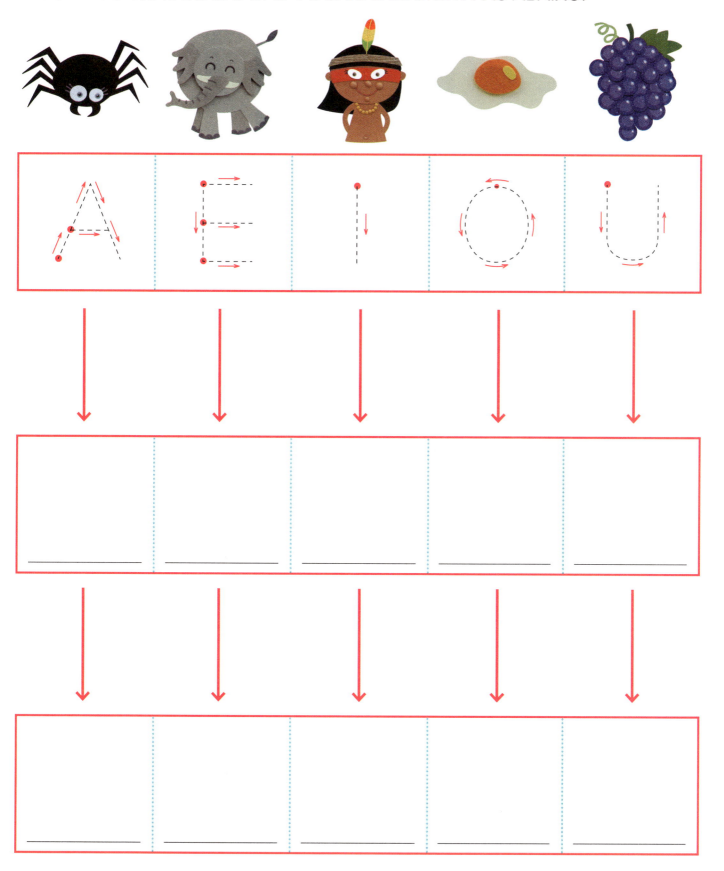

ESCREVA A LETRA INICIAL DO NOME DE CADA IMAGEM. DEPOIS, LIGUE AS IMAGENS QUE COMEÇAM COM A MESMA LETRA.

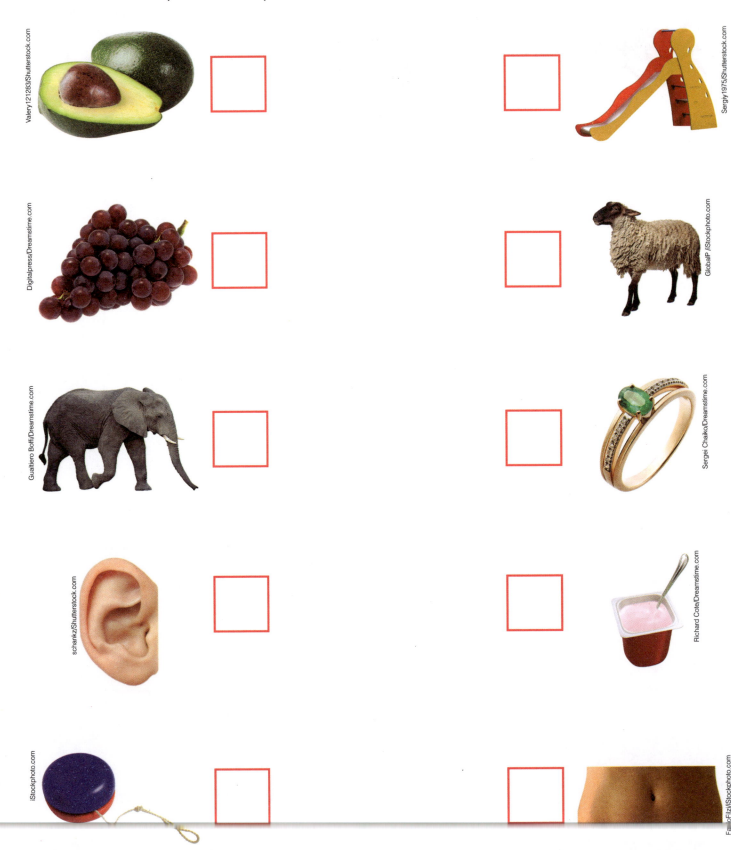

CUBRA O TRACEJADO DA VOGAL **A** COM LÁPIS DE COR **AMARELA**. SIGA A DIREÇÃO DAS SETAS.

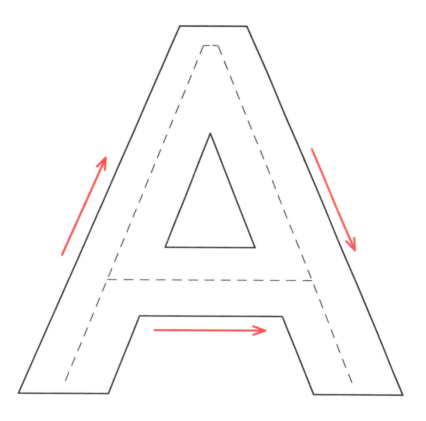

AGORA, DESENHE UM ANIMAL CUJO NOME COMECE COM A VOGAL **A**.

CUBRA A VOGAL **E** COM LÁPIS DE COR **VERDE**. SIGA A DIREÇÃO DAS SETAS.

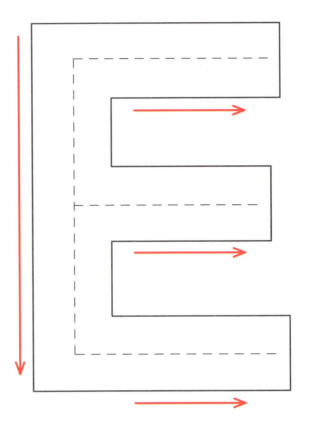

COMPLETE AS PALAVRAS COM A VOGAL **E**.

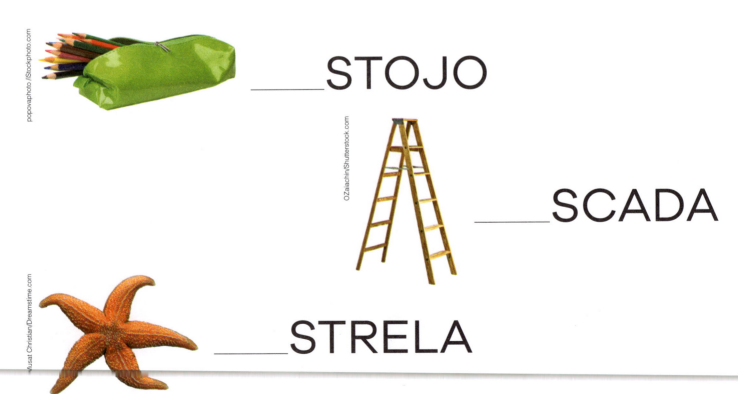

___STOJO

___SCADA

___STRELA

CUBRA O TRACEJADO DA VOGAL **I** COM LÁPIS DE COR **AZUL**. SIGA A DIREÇÃO DA SETA.

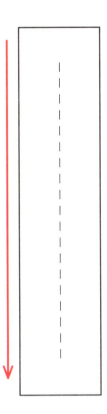

PROCURE A VOGAL **I** NA COPA DA ÁRVORE E CIRCULE-A. DEPOIS, PINTE A COPA.

CUBRA O TRACEJADO DA VOGAL **O** COM LÁPIS DE COR **VERMELHA**. SIGA A DIREÇÃO DAS SETAS.

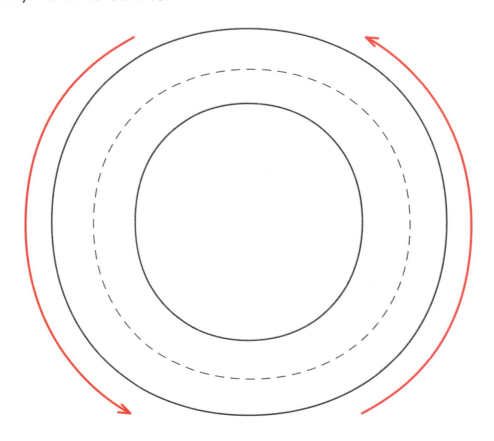

OUÇA A ADIVINHA E COMPLETE A RESPOSTA COM A LETRA **O**.

O QUE É, O QUE É?

UMA CASINHA BRANCA, SEM PORTA, NEM JANELA E DONA CLARA MORA NELA.

ADIVINHA.

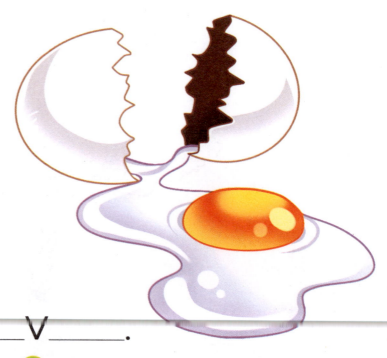

___ V ___.

CUBRA O TRACEJADO DA VOGAL **U** COM LÁPIS DE COR **LARANJA**. SIGA A DIREÇÃO DAS SETAS.

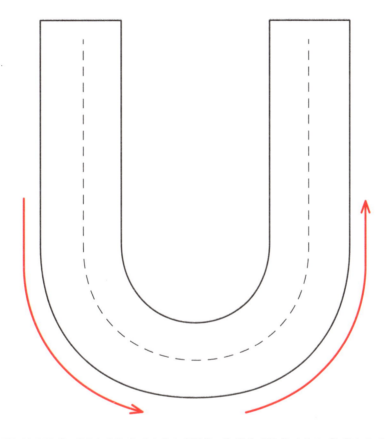

PINTE OS DESENHOS CUJOS NOMES COMEÇAM COM A VOGAL **U**.

LIGUE AS VOGAIS IGUAIS COM GIZ DE CERA. USE UMA COR DIFERENTE PARA CADA LETRA.

I	*a*
U	*e*
A	*i*
E	*o*
O	*u*

PINTE APENAS AS VOGAIS a, e, i, o, u

PINTE AS CASINHAS DAS VOGAIS DE ACORDO COM A LEGENDA.

COMPLETE OS VAGÕES DO TREM COM AS VOGAIS. DEPOIS, PINTE-OS.

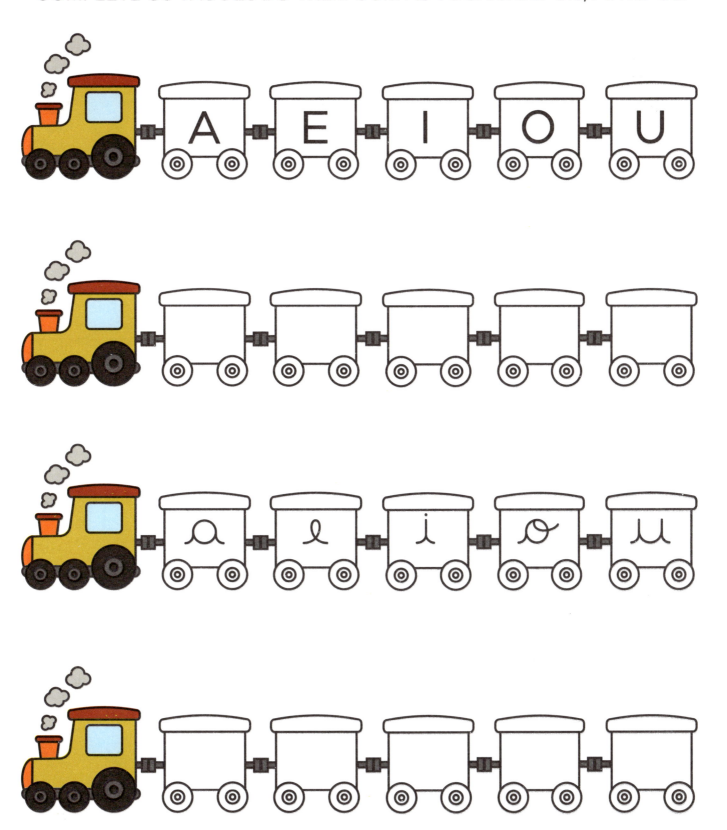

PINTE APENAS AS VOGAIS.

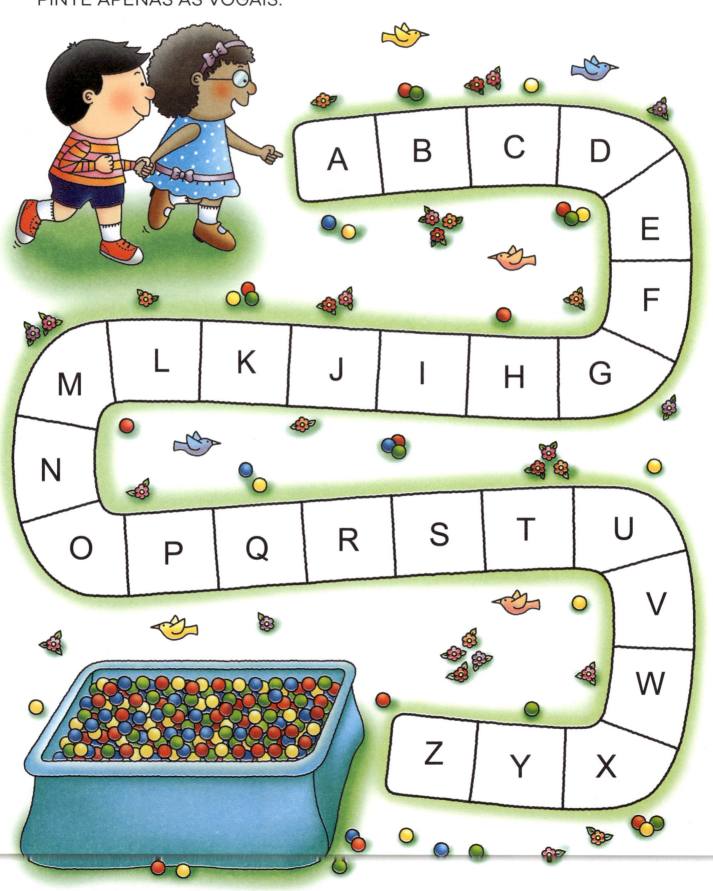

BRINCANDO COM ARTE

QUE TAL CONSTRUIR UM PAVÃO?

SIGA O PASSO A PASSO E, DEPOIS, BRINQUE À VONTADE.

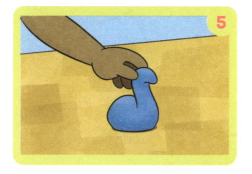
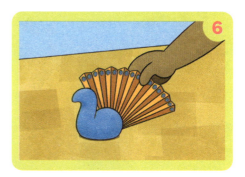

VOCÊ SABIA QUE EXISTE UMA ESPÉCIE DE BORBOLETA CUJO NOME É BORBOLETA-PAVÃO? ELA RECEBE ESSE NOME PORQUE O DESENHO DE SUAS ASAS SE PARECE COM O DA CAUDA DO PAVÃO.

OBSERVE A IMAGEM. VOCÊ TAMBÉM ACHOU PARECIDO?

CUBRA O TRACEJADO DO VOO DA BORBOLETA.

O QUE É, O QUE É?
VENHO AO MUNDO RASTEJANDO,
TUDO OBRA DA NATUREZA.
UM BELO DIA SAIO VOANDO,
MOSTRANDO MINHA BELEZA.

ADIVINHA.

O ARTISTA VINCENT VAN GOGH PINTOU BORBOLETAS EM UMA DE SUAS OBRAS. OBSERVE-A ABAIXO.

VINCENT VAN GOGH. **BORBOLETAS E PAPOILAS**, 1890. ÓLEO SOBRE TELA, 35 CM × 25,5 CM.

USANDO CANETINHA HIDROCOR, DESENHE MAIS BORBOLETAS NA OBRA DE VAN GOGH.

BRINCANDO COM POEMA

AS CRIANÇAS AMAM INVENTAR BRINCADEIRAS!

MARQUE UM **X** NOS QUADRINHOS DAS CENAS QUE MOSTRAM AS CRIANÇAS BRINCANDO.

PAIS

[...] EU PREFIRO SER CRIANÇA
PRA SORRIR E PRA CANTAR
E SÓ FICAR CHATEADO
SE EU NÃO PUDER BRINCAR!

CÉSAR OBEID. CRIANÇA POETA: QUADRAS, CORDÉIS E LIMERIQUES. SÃO PAULO: EDITORA DO BRASIL, 2011. P. 9.

BRINCAR NA CAIXA DE AREIA.

PULAR CORDA.

VESTIR FANTASIAS.

DORMIR.

VAMOS BRINCAR COM AREIA?

VEJA COMO O DEDINHO DA CRIANÇA SE MOVIMENTA E IMITE-O: MOLHE O DEDO NA TINTA E CUBRA OS TRACEJADOS.

EU SOU UM GRÃO FINO.
DA MESMA MANEIRA QUE COMEÇO,
TAMBÉM TERMINO.
POSSO ESCONDER SEGREDOS,
ME TORNAR BRINQUEDO,
SERVIR DE ESCONDERIJO
PARA UM SIRI FUGITIVO.
QUEM SOU EU?

ADIVINHA.

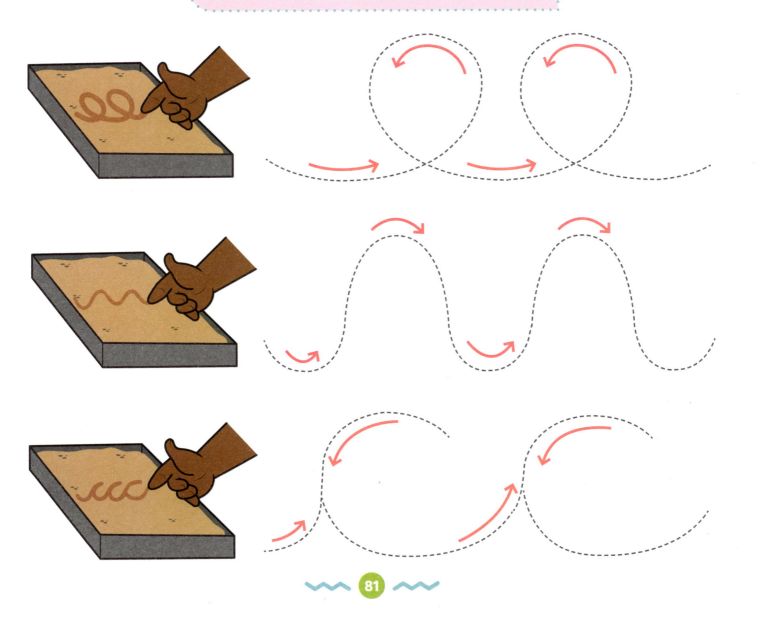

ALGUÉM BRINCOU DE DESENHAR LETRAS NA AREIA. ESTE DESENHO TEM O FORMATO DA LETRA **A**.

PASSE O DEDO INDICADOR SOBRE A LETRA **A** TRAÇADA NA AREIA.

QUEM ERRAR

ABACAXI, XI, XI,
QUEM ERRAR É UM SACI!

PARLENDA.

AGORA, TRACE A LETRA **A** COBRINDO O TRACEJADO.

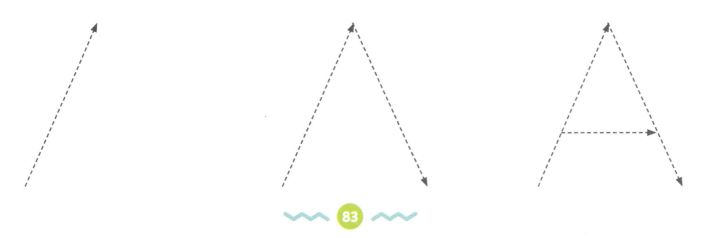

OBA! MAIS UMA LETRA DESENHADA NA AREIA! ESTA TEM O FORMATO DA LETRA **E**.

PASSE O DEDO INDICADOR SOBRE A LETRA **E** TRAÇADA NA AREIA.

> **O QUE É, O QUE É?**
>
> QUANTO MAIOR, MENOS SE VÊ.
>
> **ADIVINHA.**

AGORA, TRACE A LETRA **E** COBRINDO O TRACEJADO.

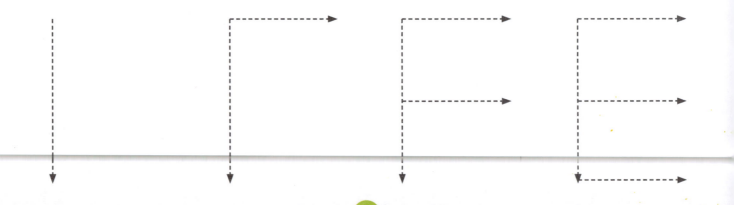

VEJA ESTA OUTRA LETRA DESENHADA! ELA TEM O FORMATO DA LETRA I.

PASSE O DEDO INDICADOR SOBRE A LETRA I TRAÇADA NA AREIA.

O QUE É, O QUE É?

UM PEDAÇO DE TERRA CERCADO POR ÁGUA.

ADIVINHA.

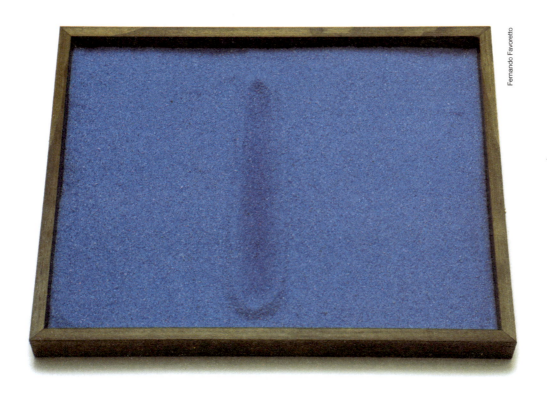

AGORA, TRACE A LETRA I COBRINDO O TRACEJADO.

OUTRA LETRINHA DESENHADA NA AREIA! ESTA TEM O FORMATO DA LETRA **O**.

PASSE O DEDO INDICADOR SOBRE A LETRA **O** TRAÇADA NA AREIA.

O QUE É, O QUE É?

SÓ PODE SER USADO DEPOIS DE QUEBRADO.

ADIVINHA.

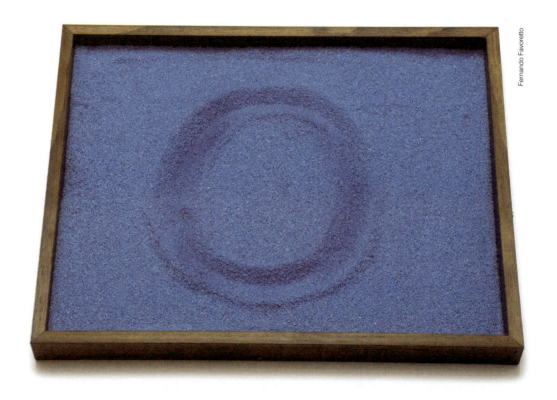

AGORA, TRACE A LETRA **O** COBRINDO O TRACEJADO.

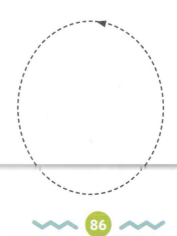

MAIS UMA! QUANTAS LETRINHAS NA AREIA! QUE LEGAL! ESTA TEM O FORMATO DA LETRA **U**!

PASSE O DEDO INDICADOR SOBRE A LETRA **U** TRAÇADA NA AREIA.

> **O QUE É, O QUE É?**
> O URUBU TEM TRÊS,
> E O URSO SÓ TEM UM.
> **ADIVINHA.**

AGORA, TRACE A LETRA **U** COBRINDO O TRACEJADO.

BRINCANDO COM CANTIGA

CANTE A CANTIGA E PINTE O GATINHO.

NÃO ATIRE O PAU NO GATO

NÃO ATIRE O PAU NO GATO, TO
PORQUE ISSO, SO
NÃO SE FAZ, FAZ, FAZ.
O GATINHO, NHO
É NOSSO AMIGO, GO
NÃO DEVEMOS
MALTRATAR OS ANIMAIS.
MIAU!

CANTIGA.

AGORA, CUBRA O TRACEJADO DAS LETRAS QUE VOCÊ JÁ APRENDEU.

GATINHO

MUITOS ANIMAIS TÊM A LETRA **A** NO NOME. CUBRA ABAIXO OS TRACEJADOS DESSA LETRA.

AGORA, DESTAQUE AS IMAGENS DA PÁGINA 139 E COLE-AS NOS QUADROS CORRESPONDENTES PARA DESCOBRIR ALGUNS DESSES ANIMAIS.

TINHA TANTA TIA TANTÃ.
TINHA TANTA ANTA ANTIGA.
TINHA TANTA ANTA QUE ERA TIA.
TINHA TANTA TIA QUE ERA ANTA.

TRAVA-LÍNGUA.

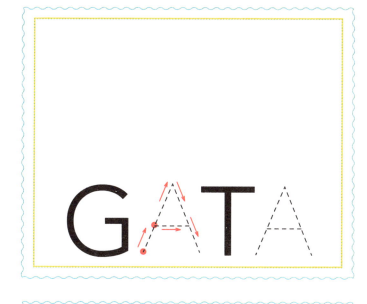

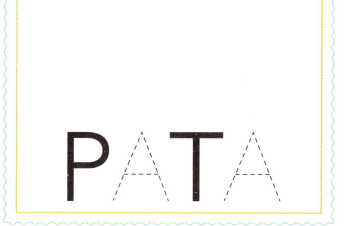

RAFAEL GOSTA MUITO DE ANIMAIS E TEM UMA GATINHA DE ESTIMAÇÃO.

CUBRA OS TRACEJADOS E AJUDE-O A ENCONTRAR A LETRA **E** NO NOME DOS ALIMENTOS QUE ELE DÁ A SUA GATINHA. DEPOIS, LIGUE AS PALAVRAS ÀS FIGURAS CORRESPONDENTES.

O QUE É, O QUE É?
PASSEIA DE NOITE,
DORME DE DIA.
GOSTA DE LEITE
E DE CARNE FRIA.
ADIVINHA.

LEITE

CARNE

PEIXE

RAFAEL FOI AO ZOOLÓGICO PARA CONHECER OUTROS ANIMAIS. CUBRA O TRACEJADO DA LETRA I NO NOME DOS ANIMAIS E PINTE AS IMAGENS.

IGUANA

GIRAFA

PINGUIM

DURANTE O PASSEIO NO ZOOLÓGICO, RAFAEL TROPEÇOU EM UM GALHO DE ÁRVORE E DEU UM GRITO.

CUBRA O TRACEJADO DO GRITO QUE RAFAEL DEU. DEPOIS, CONTINUE ESCREVENDO-O NAS LINHAS.

CONTINUANDO O PASSEIO PELO ZOOLÓGICO, RAFAEL VIU UM ANIMAL MUITO PARECIDO COM SUA GATA DE ESTIMAÇÃO: UMA ONÇA.

DESTAQUE AS IMAGENS DA PÁGINA 141 E COLE-AS NO LUGAR CORRETO.

AGORA, CUBRA O TRACEJADO DA LETRA **O** NO NOME DAS PARTES DA ONÇA QUE VOCÊ COLOU.

QUE OUTROS ANIMAIS VOCÊ ACHA QUE RAFAEL VIU NO ZOOLÓGICO? CUBRA O TRACEJADO DA LETRA **U** NO NOME DELES.

> O URSINHO TEM PATA DE VELUDO, CARA DE NENÉM! O URSO NÃO CANSA E SEMPRE QUE TEM FESTANÇA, QUANDO DANÇA, SACODE A PANÇA.
> **PARLENDA.**

URSO

URUTU

URUBU

QUANDO RAFAEL CHEGOU À CASA DELE, DEPOIS DO PASSEIO NO ZOOLÓGICO, SUA GATINHA DE ESTIMAÇÃO O CUMPRIMENTOU COM UM MIADO.

CUBRA O TRACEJADO DO MIADO QUE A GATA DEU. DEPOIS, CONTINUE ESCREVENDO-O NAS LINHAS.

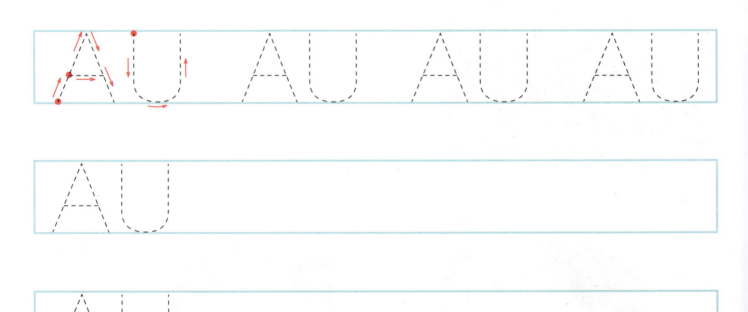

ENQUANTO BRINCAVAM, SEM QUERER, A GATINHA ARRANHOU RAFAEL. ELE DISSE: UI!

CUBRA OS TRACEJADOS DA FALA DE RAFAEL. DEPOIS, CONTINUE ESCREVENDO-A NAS LINHAS.

VOCÊ SE LEMBRA DO NOME DESTAS LETRAS? DIGA EM VOZ ALTA.

CUBRA O TRACEJADO DAS LETRAS **A, E, I, O, U**.

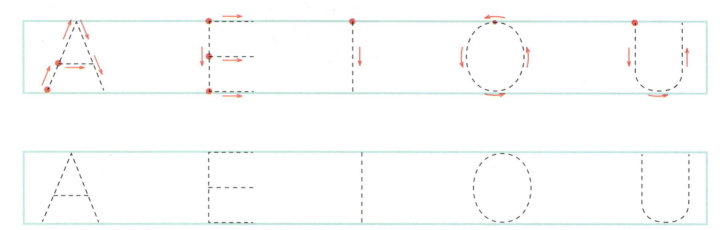

AGORA, FAÇA UM DESENHO PARA REPRESENTAR CADA ANIMAL.

G**A**T**A**	P**E**IX**E**	G**I**RAFA

ONÇA	**U**RSO

BRINCANDO COM HISTÓRIA

ACOMPANHE A LEITURA DA HISTÓRIA DE HEITOR E FAÇA UM DESENHO PARA REPRESENTAR O QUE VOCÊ ENTENDEU.

HEITOR ERA UM MENINO QUE TRAZIA SEMPRE NO BOLSO FOLHAS DE PAPEL E UMA CANETA AZUL.

QUANDO PASSEAVA PELA RUA, VOLTANDO DA ESCOLA, IA ANOTANDO PALAVRAS DOS LUMINOSOS DE PROPAGANDA, CARTAZES E PLACAS.

DEPOIS ASSINAVA A FOLHA, EMBAIXO, TROCANDO A LETRA **H** PELA LETRA **L**. FORMAVA, ASSIM, **LEITOR**.

JUSSARA BRAGA. PIRATA DE PALAVRAS. SÃO PAULO: EDITORA DO BRASIL, 2006. P. 2-3.

HEITOR ANOTOU EM SUAS FOLHAS ALGUMAS PALAVRAS COM A LETRA a.

AJUDE-O A TRAÇAR ESSA LETRA COBRINDO O TRACEJADO.

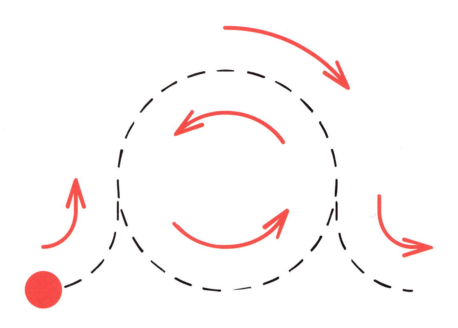

CONTINUE COBRINDO O TRACEJADO DA LETRA a E ESCREVA-A NAS LINHAS SEGUINTES.

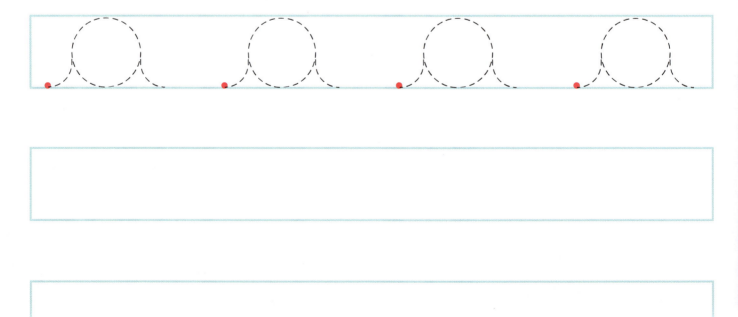

COMPLETE O TRACEJADO DA LETRA **A** – a NESTAS PALAVRAS QUE HEITOR ANOTOU.

AMEIXA

ameixa

ALMOFADA

almofada

ALFACE

alface

HEITOR TAMBÉM ANOTOU EM SUAS FOLHAS PALAVRAS COM A LETRA ℓ.

AJUDE-O A TRAÇAR ESSA LETRA COBRINDO O TRACEJADO.

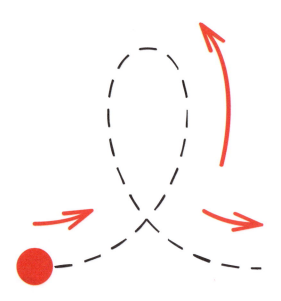

CONTINUE COBRINDO O TRACEJADO DA LETRA ℓ E ESCREVA-A NAS LINHAS SEGUINTES.

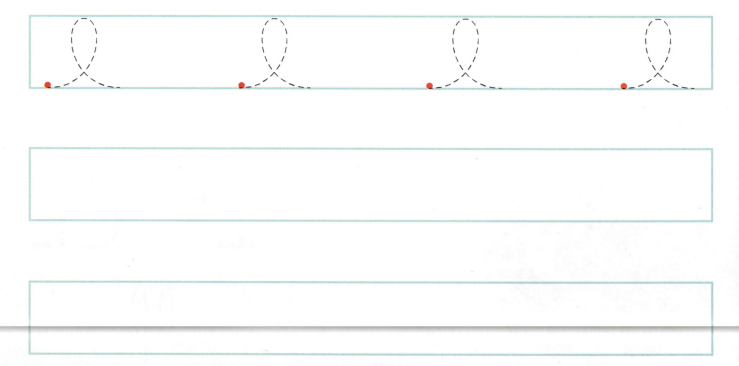

COMPLETE O TRACEJADO DA LETRA **E** – *e* NESTAS PALAVRAS QUE HEITOR ANOTOU.

ELEFANTE

elefante

ESTOJO

estojo

ESTRELA

estrela

HEITOR CONTINUOU ANOTANDO PALAVRAS E, DESTA VEZ, AS QUE COMEÇAM COM A LETRA i.

AJUDE-O A TRAÇAR ESSA LETRA COBRINDO O TRACEJADO.

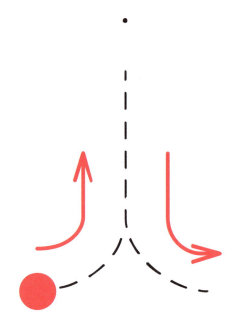

CONTINUE COBRINDO O TRACEJADO DA LETRA i E ESCREVA-A NAS LINHAS SEGUINTES.

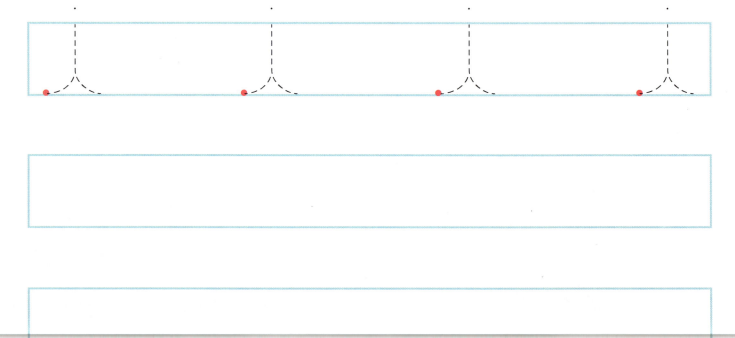

COMPLETE O TRACEJADO DA LETRA I – i NESTAS PALAVRAS QUE HEITOR ANOTOU.

B|C|CLETA

b|c|cleta

O Ô

|o|ô

ND|OZ|NHO

|nd|oz|nho

ALGUMAS PALAVRAS QUE HEITOR ANOTOU TÊM A LETRA O.
AJUDE-O A TRAÇAR ESSA LETRA COBRINDO O TRACEJADO.

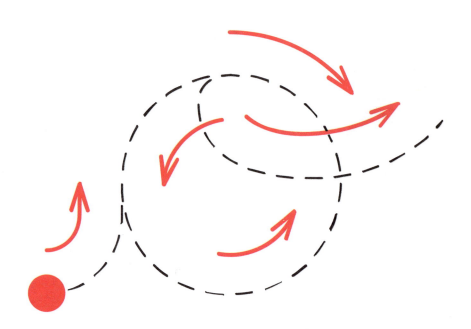

CONTINUE COBRINDO O TRACEJADO DA LETRA O E ESCREVA-A NAS LINHAS SEGUINTES.

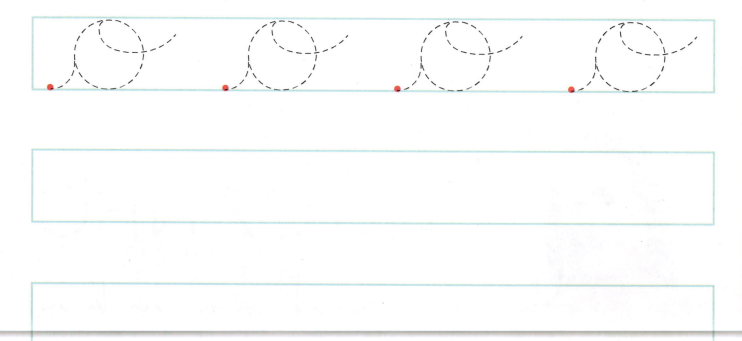

COMPLETE O TRACEJADO DA LETRA O – O NESTAS PALAVRAS QUE HEITOR ANOTOU.

BOLO
bolo

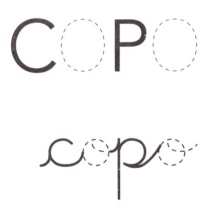

COPO
copo

OVO
ovo

NÃO PODIAM FALTAR AS PALAVRAS QUE TÊM A LETRA u. HEITOR TAMBÉM AS ANOTOU.

AJUDE-O A TRAÇAR ESSA LETRA COBRINDO O TRACEJADO.

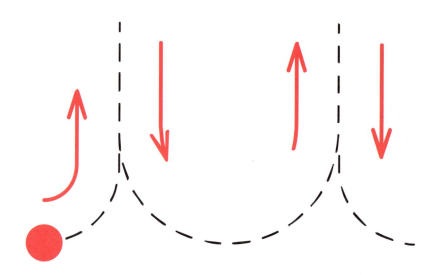

CONTINUE COBRINDO O TRACEJADO DA LETRA u E ESCREVA-A NAS LINHAS SEGUINTES.

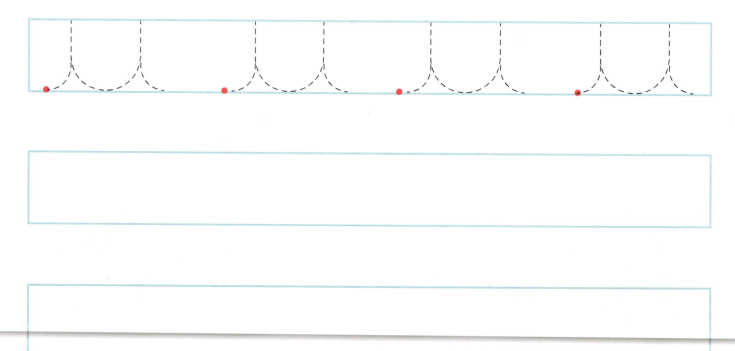

COMPLETE O TRACEJADO DA LETRA **U** – *u* NESTAS PALAVRAS QUE HEITOR ANOTOU.

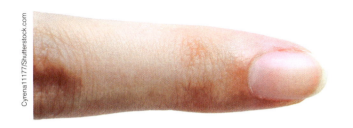

UNHA

unha

UMBU

umbu

URAPURU

urapuru

VOCÊ SE LEMBRA DAS LETRAS QUE HEITOR APRENDEU COM AS PALAVRAS QUE ANOTOU?

> [...] E ASSIM SÃO AS VOGAIS.
> MAS NEM DE LONGE
> ELAS FAZEM TUDO SOZINHAS...
>
> PARA TERMINAR ESTA HISTÓRIA,
> VÃO RAPIDINHO CHAMAR SUAS
> AMIGAS CONSOANTES [...]
>
> **FERNANDO DE ALMEIDA, MARIANA ZANETTI E RENATA BUENO.**
> **AEIO... UAU! SÃO PAULO: EDITORA DO BRASIL, 2010.**

CUBRA OS TRACEJADOS E CONTINUE A ESCREVER AS LETRAS.

COM AS CORES INDICADAS NA LEGENDA, PINTE AS LETRAS QUE HEITOR APRENDEU. DEPOIS, LIGUE AS LETRAS QUE VOCÊ PINTOU NA SEQUÊNCIA CORRETA.

DAS PALAVRAS QUE HEITOR ANOTOU, ALGUMAS COMEÇAM COM A LETRA **A**.

RECORTE DE JORNAIS E REVISTAS FIGURAS CUJO NOME COMECE COM ESSA LETRA E COLE-AS ABAIXO.

A ARARINHA ASSANHADA
ADORA ANDAR ARRUMADA
ARRUMA A SAIA AMASSADA
ALINHA A BLUSA AZULADA
AMARRA A ROSA DOURADA
ARRASTA A TURMA ANIMADA.

ROSINHA. **ABC DO TRAVA-LÍNGUA**.
SÃO PAULO: EDITORA DO BRASIL, 2012. P. 5.

OUTRAS PALAVRAS QUE HEITOR ANOTOU COMEÇAM COM **E**.

OBSERVE AS IMAGENS ABAIXO E CIRCULE DE **AZUL** SOMENTE AS FIGURAS CUJO NOME COMEÇA COM **E**.

O ELEFANTE ELEGEU A EMA
ENCANTADORA E ELEGANTE
A EMA EMENDOU GALANTE
ELEGANTE É A TROMBA DO ELEFANTE.

ROSINHA. ABC DO TRAVA-LÍNGUA.
SÃO PAULO: EDITORA DO BRASIL, 2012. P. 8.

ESQUILO

esquilo

ESPANTALHO

espantalho

ALHO

alho

ESTOJO

estojo

ESCADA

escada

HEITOR TAMBÉM ANOTOU PALAVRAS QUE COMEÇAM COM **I**.

OBSERVE AS IMAGENS ABAIXO E FAÇA UM **X** NAS PALAVRAS CUJO NOME **NÃO** COMEÇA COM ESSA LETRA.

IRENE RIA DE IARA
IARA FICAVA IRADA
IRENE IMAGINA IARA
DANDO UMA LINDA RISADA.

ROSINHA. ABC DO TRAVA-LÍNGUA.
SÃO PAULO: EDITORA DO BRASIL, 2012. P. 12.

IGLU

iglu

IOGURTE

iogurte

ORELHÃO

orelhão

APONTADOR

apontador

ÍMÃ

ímã

AS PALAVRAS QUE COMEÇAM COM **O** TAMBÉM FORAM ANOTADAS POR HEITOR.

DESTAQUE AS IMAGENS DA PÁGINA 141 E COLE ABAIXO SOMENTE AS FIGURAS CUJO NOME COMEÇA COM ESSA LETRA.

A OVELHA OLÍVIA OUVIU
UM UIVO FINO NO OUVIDO
OLHOU EM VOLTA E VIU
O ORNITORRINCO DORMINDO.

ROSINHA. ABC DO TRAVA-LÍNGUA.
SÃO PAULO: EDITORA DO BRASIL, 2012. P. 19.

NÃO PODIAM FALTAR AS PALAVRAS QUE COMEÇAM COM **U**.

USANDO AQUARELA, PINTE SOMENTE OS DESENHOS CUJO NOME COMEÇA COM ESSA LETRA.

URUBU ESTAVA TRISTE
NUMA BRUTA URUCUBACA
VOOU E POUSOU NA URTIGA
QUEIMOU A ASA E A PATA
URUBU URROU DE DOR
QUASE TEVE PASSAMENTO
UIRAPURU FEZ FAVOR
UNGIU-LHE AS PENAS COM UNGUENTO.

ROSINHA. **ABC DO TRAVA-LÍNGUA**. SÃO PAULO: EDITORA DO BRASIL, 2012. P. 24.

URUBU

urubu

ESTRELA

estrela

URSO

urso

UVAS

uvas

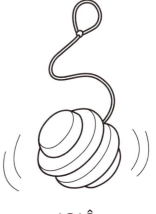

IOIÔ

ioiô

BRINCANDO COM ARTE

QUE TAL CONSTRUIR UM **JOGO DA MEMÓRIA DAS VOGAIS**?

DESTAQUE ESTA PÁGINA, COLE-A EM PAPEL MAIS RESISTENTE E RECORTE AS PEÇAS SEGUINDO AS LINHAS TRACEJADAS. DEPOIS, É SÓ BRINCAR COM OS COLEGAS!

BRINQUE DE ENROLAR A LÍNGUA REPETINDO O TRAVA-LÍNGUA ABAIXO. DEPOIS, CONTE O QUE VOCÊ ENTENDEU DO TEXTO.

A KIKA CAIU QUICANDO
KAKITO CAIU DE RIR
COITADA DA KIKA CAÍDA
KAKITO CORREU DALI.

ROSINHA. **ABC DO TRAVA-LÍNGUA.** SÃO PAULO: EDITORA DO BRASIL, 2012. P. 15.

AGORA, CUBRA O TRACEJADO DAS VOGAIS NO NOME DOS PERSONAGENS DO TRAVA-LÍNGUA. DEPOIS, DESTAQUE AS IMAGENS DA PÁGINA 133 E COLE-AS ABAIXO DOS RESPECTIVOS NOMES.

KIKA
Kika

KAKITO
Kakito

CUBRA O TRACEJADO DAS LETRAS PARA COMPLETAR O TRAVA-
-LÍNGUA.

DEPOIS, CIRCULE O NOME DOS PERSONAGENS SEMPRE QUE APARECEREM NO TEXTO.

A Kika caiu quicando

Kakito caiu de rir

Coitada da Kika caída

Kakito correu dali.

O QUE SERÁ QUE KIKA E KAKITO DISSERAM QUANDO CAÍRAM?

CUBRA OS TRACEJADOS PARA COMPLETAR A FALA DOS PERSONAGENS. DEPOIS, DESTAQUE AS IMAGENS DA PÁGINA 143 E COLE--AS NOS QUADROS ADEQUADOS.

BRINCANDO COM POEMA

QUE TAL ESTUDAR EM DIFERENTES TEXTOS AS LETRAS QUE APRENDEU?

CIRCULE DE **VERMELHO** TODAS AS VOGAIS **A** QUE VOCÊ ENCONTRAR NO POEMA. DEPOIS, CIRCULE DE **AZUL** TODAS AS VOGAIS **E**.

EM SEGUIDA, DESTAQUE AS IMAGENS DA PÁGINA 135 E COLE-AS AO REDOR DO POEMA PARA DECORÁ-LO.

CUPUAÇU

[...] DO FRUTO FAÇO SORVETE,
CREME, SUCO E BOMBOM;
POR DENTRO ELE É CLARINHO,
MAS POR FORA É MARROM. [...]

CÉSAR OBEID. CORES DA AMAZÔNIA: FRUTAS E BICHOS DA FLORESTA. SÃO PAULO: EDITORA DO BRASIL, 2015. P. 9.

AGORA, CIRCULE DE **VERDE** TODAS AS VOGAIS **I** QUE VOCÊ ENCONTRAR NO POEMA. DEPOIS, CIRCULE DE **AMARELO** TODAS AS VOGAIS **O** E, DE **ROXO**, TODAS AS VOGAIS **U**.

EM SEGUIDA, FAÇA UM DESENHO PARA REPRESENTAR SEUS AMIGOS DA TURMA.

> O QUE VOU DIZER DA AMIZADE?
> QUE RIMA COM A LINDA LEALDADE!
> NASCE COM SORRISO
> E DELA EU PRECISO
> PARA EU SER FELIZ DE VERDADE.
>
> **CÉSAR OBEID. CRIANÇA POETA: QUADRAS, CORDÉIS E LIMERIQUES. SÃO PAULO: EDITORA DO BRASIL, 2011. P. 15.**

DESTAQUE DA PÁGINA 135 OS VERSOS DA PARLENDA E COLE-OS ABAIXO NA ORDEM CERTA.

Batatinha quando nasce
Espalha ramas pelo chão.
Menininha quando dorme
Coloca a mão no coração.

PARLENDA.

AGORA, COMPLETE A PARLENDA COM AS VOGAIS QUE FALTAM.

B_tat_nha q_ando nasc_
Esp_lha ramas p_lo chã_.
Men_n_nha q_ando dorm_
C_loc_ a mão no coraçã_.

RECITE AS QUADRINHAS COM O PROFESSOR E OS COLEGAS. DEPOIS, CIRCULE NO MEIO DAS PALAVRAS OS ENCONTROS VOCÁLICOS **AI**, **UI** E **AU** QUE VOCÊ APRENDEU. SIGA AS CORES DA LEGENDA.

COPIE-OS NOS QUADROS.

AI UI AU

SOU JARDINEIRO IMPERFEITO
POIS NO JARDIM DA AMIZADE
QUANDO PLANTO AMOR-PERFEITO
NASCE SEMPRE UMA SAUDADE.

FUI FAZER A MINHA CAMA
ME ESQUECI DO COBERTOR.
DEU UM VENTO NA ROSEIRA
ENCHEU MINHA CAMA DE FLOR.

ANDORINHA NO COQUEIRO,
SABIÁ NA BEIRA-MAR,
ANDORINHA VAI E VOLTA,
MEU AMOR NÃO QUER VOLTAR.

QUADRINHAS.

Educação Infantil

Jaime Teles da Silva
Graduado em Pedagogia
Bacharel e licenciado em Educação Física
Especializado em Educação Física Escolar
Professor na rede municipal

Letícia García
Formada em Pedagogia
Professora de Educação Infantil

Vanessa Mendes Carrera
Mestra em Educação
Pós-graduada em Alfabetização e Letramento
Graduada em Pedagogia
Professora de Educação Infantil e do 1º ano do Ensino Fundamental

Viviane Osso L. da Silva
Pós-graduada em Neurociência Aplicada à Educação
Pós-graduada em Educação Inclusiva
Graduada em Pedagogia
Professora de Educação Infantil e do 1º ano do Ensino Fundamental

Minha filha de **3 anos** é um presente que ganhei da vida. Ela é quietinha na escola e sapeca em casa. Não entendo como isso pode acontecer; parece até que são duas crianças diferentes. Quando a professora veio falar comigo, quase não acreditei: É minha filha mesmo?! Não tenho um minuto de sossego com ela!

LAURA, MÃE DA CLARA.

Nosso filho de **4 anos** não desgrudava do *tablet* que ganhou dos avós. Quando não estava na escola, estava vendo desenhos. Parecia que não tínhamos uma criança em casa. Conversamos com a professora e ele é uma criança exemplar. Na escola, brincava com outras crianças e fazia as atividades. Em casa, foi preciso estipular horários para o uso do *tablet*.

LUIZ, PAI DO CAIO.

Caros familiares,

O objetivo deste caderno é enriquecer e ampliar os modos de interação entre vocês, seu filho e a escola, abordando algumas das principais questões que permeiam o universo infantil.

Assim como em um almanaque, preparamos e selecionamos um conjunto de textos variados, diversas dicas e informações, além de brincadeiras e receitas culinárias específicas para serem feitas com seu filho, de acordo com a fase de desenvolvimento na qual ele se encontra.

O caderno está organizado por temas, que apresentam uma introdução e um texto complementar de um especialista, os quais podem ser lidos aleatoriamente, de acordo com o interesse e a necessidade do momento.

É importante destacar que não temos a intenção de esgotar o debate de assuntos tão complexos, e, sim, proporcionar diferentes discussões e estabelecer novas parcerias.

Esperamos que este caderno acompanhe o dia a dia da família e que a plenitude de ser criança seja vivenciada por seu filho em casa e na escola.

Os autores.

Sumário

1. A infância – desenvolvimento 8

    Outras Palavras ▶ Característica da faixa etária de 3 a 4 anos 9

2. Família e escola juntas 11

    ▶ Direitos de aprendizagem e desenvolvimento na Educação infantil 13

    Outras Palavras ▶ Entenda a importância de manter a relação entre família e escola 14

3. Lendo em família 15

    Outras Palavras ▶ 5 passos para ser um bom contador de histórias para o seu filho 17

4. As crianças e as tecnologias 18

    Outras Palavras ▶ Filhos e tecnologia 20

5. Atenção ao *bullying* **21**

    Outras Palavras ▶ O que é *bullying*? **23**

6. Brincando a qualquer hora **24**

    Outras Palavras ▶ Tempo de brincar **26**

Brincando com seu filho **28**

    Atividades manuais para fazer com a criança **28**

    Receitas culinárias **31**

Sugestões de leitura **32**

1 A infância – desenvolvimento

Nossa espécie é definida pelas semelhanças que nos aproximam. Contudo, nós nos diferenciamos uns dos outros por nossa cultura e história pessoal.

É por isso que, nos primeiros meses de vida, os bebês se parecem em relação ao comportamento: nessa fase, a maturação biológica influencia mais que fatores histórico-culturais, relação que vai se invertendo à medida que as crianças crescem.

Dessa maneira, o desenvolvimento de cada criança é único, sem desconsiderar as possibilidades e limites impostos pelos aspectos biológicos.

O desenvolvimento infantil ocorre de forma espiral, não de modo linear e progressivo, dependendo em grande escala das oportunidades de aprendizagem oferecidas às crianças.

Se às vezes temos a impressão de que a criança "desaprendeu" algo, não é motivo para preocupação: haverá oscilações até que a habilidade em questão seja consolidada. Entretanto, mesmo quando já aprendida, ao longo da vida essa habilidade se transformará, seguindo um modelo em espiral.

É comum, ao se comentar o desenvolvimento infantil, atribuir características esperadas para as faixas etárias. Entretanto, elas são insuficientes para classificar o desenvolvimento de uma criança como pleno ou deficitário e devem ser consideradas apenas como indicativas.

Conhecendo essas características, a família pode compreender as transformações pelas quais a criança passa, minimizando as comparações com outras crianças, mesmo que sejam irmãos. Para além dos indicativos biológicos, irmãos, sendo indivíduos, costumam ser diferentes entre si, inclusive nas fases de desenvolvimento. Ser o caçula ou o mais velho, por exemplo, implica receber diferentes estímulos e oportunidades de aprendizagem, dadas as diversas maneiras de ser visto e tratado por causa dessa condição.

As crianças devem ser, sem diferenciação, estimuladas e elogiadas, e o ritmo de cada uma deve ser respeitado. Ao longo do aprendizado, tanto em casa como na escola, é importante que o desenvolvimento físico, intelectual, social, emocional e moral da criança – para ser saudável – ocorra livre de cobrança e da ansiedade dos adultos.

É fundamental acompanhar sempre o progresso de seus filhos registrando cada conquista. A infância é um período muito rápido, pode ter certeza! ✕

DICAS DE • • •

… APRENDER LINGUAGEM (0-5 ANOS). Laboratório de Educação. Guia sobre o desenvolvimento da linguagem em crianças de 0 a 5 anos.
▶ Disponível em: http://aprenderlinguagem.org.br. Acesso em: maio 2019.

OUTRAS PALAVRAS

▶ Características da faixa etária dos 3 aos 4 anos

Desenvolvimento físico

- Grande atividade motora: corre, salta, começa a subir escadas, pode começar a andar de triciclo; grande desejo de experimentar tudo.
- Embora ainda não seja capaz de amarrar sapatos, veste-se sozinha razoavelmente bem.
- É capaz de comer sozinha com uma colher ou um garfo. [...]
- É cada vez mais independente [em relação a] sua higiene; já é capaz de controlar os esfíncteres (sobretudo durante o dia).

Desenvolvimento intelectual

- Compreende a maior parte do que ouve e o seu discurso é compreensível para os adultos.
- Utiliza bastante a imaginação: início dos jogos de faz de conta e dos jogos de papéis. [...]
- Sabe o nome, o sexo e a idade.
- Repete sequências de 3 algarismos.
- Começa a ter noção das relações de causa e efeito.
- É bastante curiosa e investigadora.

Desenvolvimento social

- É bastante sensível aos sentimentos dos que a rodeiam relativamente a si própria.
- Tem dificuldade em cooperar e partilhar.
- Preocupa-se em agradar os adultos que lhe são significativos, sendo dependente da sua aprovação e afeto.
- Começa a aperceber-se das diferenças no comportamento dos homens e das mulheres.
- Começa a interessar-se mais pelos outros e a integrar-se em atividades de grupo com outras crianças.

Maria Madrinan/Shutterstock.com

OUTRAS PALAVRAS

Desenvolvimento emocional
- É capaz de se separar da mãe durante curtos períodos de tempo.
- Começa a desenvolver alguma independência e autoconfiança.
- Pode manifestar medo de estranhos, de animais ou do escuro.
- Começa a reconhecer os [...] próprios limites, pedindo ajuda.
- Imita os adultos.

Desenvolvimento moral
- Começa a distinguir o certo do errado.
- As opiniões dos outros acerca de si própria assumem grande importância para a criança.
- Consegue controlar-se de forma mais eficaz e é menos agressiva.
- Utiliza ameaças verbais extremas, como por exemplo: "eu te mato!", sem ter noção das suas implicações.

FASES do desenvolvimento infantil (0 a 6 anos). *In:* BLOG MUNDO DO ABC. Disponível em: www.mundodoabc.com.br/blog/143-fases-do-desenvolvimento-infantil-0-a-6-anos. Acesso em: jul. 2019.

2 Família e escola juntas

Além de escolher a escola, é importante participar ativamente da educação de seu filho. Isso parece óbvio, entretanto, não é tão fácil de ser concretizado no dia a dia familiar. Atualmente, mesmo para marcar a chamada "reunião de pais", é preciso encontrar um espaço disponível nas concorridas agendas dos adultos, sobretudo por causa de compromissos profissionais.

Por outro lado, a família é, em parte, responsável pela construção de um diálogo efetivo com a escola. Desde o momento em que se conhece a proposta pedagógica dela, é possível se envolver e, posteriormente, acompanhar o período de adaptação das crianças conversando sobre o cotidiano escolar com elas.

A escola é um lugar para as crianças e também para as famílias. Com o apoio da família, o professor terá mais oportunidade de concretizar seu trabalho, expandindo os limites da sala de aula.

Para isso, é importante participar dos canais de comunicação que a instituição oferece: por meio deles, você pode acompanhar o trabalho do professor, orientar seu filho nas tarefas de casa e compartilhar experiências com outras famílias.

Enfim, dê bons exemplos para as crianças incentivando os estudos e valorizando o papel da escola na vida delas.

É importante saber se a escola tem uma proposta pedagógica com um currículo organizado e se, para tanto, escolheu seu material didático fundamentado na Base Nacional Comum Curricular (BNCC).

A BNCC é um documento de caráter normativo que define as aprendizagens necessárias ao desenvolvimento pleno dos alunos das escolas brasileiras públicas ou privadas, da creche ao Ensino Médio.

Com relação à Educação Infantil, ela estabelece seis direitos de aprendizagem e desenvolvimento que devem ser garantidos a todas as crianças.

DICAS DE ●●●

- *Base Nacional Comum Curricular (Ministério da Educação)*. Texto completo da BNCC.
▶ Disponível em: http://basenacionalcomum.mec.gov.br/abase/#apresentacao. Acesso em: maio 2019.

Direitos de aprendizagem e desenvolvimento na Educação Infantil

- Conviver com outras crianças e adultos, em pequenos e grandes grupos, utilizando diferentes linguagens, ampliando o conhecimento de si e do outro, o respeito em relação à cultura e às diferenças entre as pessoas.
- Brincar cotidianamente de diversas formas, em diferentes espaços e tempos, com diferentes parceiros (crianças e adultos), ampliando e diversificando seu acesso a produções culturais, seus conhecimentos, sua imaginação, sua criatividade, suas experiências emocionais, corporais, sensoriais, expressivas, cognitivas, sociais e relacionais.
- Participar ativamente, com adultos e outras crianças, tanto do planejamento da gestão da escola e das atividades propostas pelo educador quanto da realização das atividades da vida cotidiana, tais como a escolha das brincadeiras, dos materiais e dos ambientes, desenvolvendo diferentes linguagens e elaborando conhecimentos, decidindo e se posicionando.
- Explorar movimentos, gestos, sons, formas, texturas, cores, palavras, emoções, transformações, relacionamentos, histórias, objetos, elementos da natureza, na escola e fora dela, ampliando seus saberes sobre a cultura, em suas diversas modalidades: as artes, a escrita, a ciência e a tecnologia.
- Expressar, como sujeito dialógico, criativo e sensível, suas necessidades, emoções, sentimentos, dúvidas, hipóteses, descobertas, opiniões, questionamentos, por meio de diferentes linguagens.
- Conhecer-se e construir sua identidade pessoal, social e cultural, constituindo uma imagem positiva de si e de seus grupos de pertencimento, nas diversas experiências de cuidados, interações, brincadeiras e linguagens vivenciadas na instituição escolar e em seu contexto familiar e comunitário.

BRASIL. Ministério da Educação. Secretaria da Educação. *Base Nacional Comum Curricular*. Brasília: Ministério da Educação, 2018. Disponível em: http://basenacionalcomum.mec.gov.br/. Acesso em: jun. 2019.

OUTRAS PALAVRAS

▶ Entenda a importância de manter a relação entre família e escola

O espaço de aprendizagem já não pode mais ser pensado de forma restrita à escola ou à sala de aula, assim como não cabe mais compreender a participação familiar como exclusiva do ambiente de casa. A interação entre os dois é fundamental, já que o desenvolvimento de crianças e adolescentes não acontece de maneira isolada nos diversos espaços que frequentam.

Há diversos benefícios da proximidade entre a família e a escola; um deles é poder, juntos, alinhar as expectativas por meio de um diálogo aberto, pois, afinal, o objetivo comum dessa relação é oferecer à criança boas condições de desenvolvimento e aprendizagem.

Essa relação saudável contribui para [...] potencializar a confiança [dela na] própria capacidade [e, assim, tornar-se] independente e madura, também como benefícios dessa boa interação pode haver a diminuição de faltas, repetências e [...] problemas de comportamento.

Quer saber mais sobre a importância de manter uma boa relação entre família e escola e como fazer isso? [...]

A participação dos pais dá mais segurança para os filhos

Na infância, o espaço escolar e sua dinâmica de funcionamento são grandes novidades para os pequenos. Abre-se um mundo novo, repleto de possibilidades, com interação com outras crianças e adultos e com diferentes estímulos e conhecimentos. Apesar de empolgante, esse momento pode ser intimidador.

Quando os pais participam ativamente da vida escolar de seus filhos, eles demonstram estar interessados no processo em que as crianças estão inseridas. Com isso, elas se sentem apoiadas, acolhidas e mais seguras para seguir no desenvolvimento educacional.

Além de passar segurança, pais comprometidos com a vida escolar dos filhos, que acompanham as atividades desenvolvidas na escola, podem auxiliar no desenvolvimento da autonomia e da responsabilidade dos pequenos. Verificar depois das aulas os trabalhos e deveres passados e estar disponível para ajudar são maneiras de encorajar as crianças e adolescentes a realizarem suas tarefas com responsabilidade. Além disso, esse hábito reforça a importância de estudar fora da sala de aula. [...]

É possível conciliar a rotina de trabalho e a vida escolar dos filhos

Extensas jornadas de trabalho e, com isso, falta de tempo [são] algo real na vida das famílias, que fazem verdadeiros "malabarismos" para atender

OUTRAS PALAVRAS

▶▶ todos os afazeres necessários do cotidiano, mas nem sempre é fácil e conseguem cumprir. Essa realidade afeta diretamente sua participação nas atividades promovidas pelas escolas de seus filhos. Porém, é preciso tentar organizar o tempo, planejar-se e abrir espaço para a participação.

É importante compreender que essa participação demonstra para os filhos a valorização e priorização [d]a educação, [d]os estudos e [d]o conhecimento. É importante também apontar para os filhos suas conquistas, pois por vezes focamos mais no que não está bom ou não deu certo e não percebemos os esforços e ganhos; o elogio pode ser um importante incentivo.

Entenda a importância de... In: Escola da Inteligência. *Blog Leve a EI para sua escola*. Disponível em: https://escoladainteligencia.com.br/entenda-a-importancia-de-manter-a-relacao-entre-familia-e-escola/. Acesso em: jul. 2019.

3 Lendo em família

O ambiente familiar também pode auxiliar o desenvolvimento do gosto pela leitura e do cultivo do hábito de ler. Como podemos começar?

Um bom início é ter livros em casa e disponibilizá-los a seu filho. Fazer isso é como deixar uma porta aberta para o mundo da leitura.

O mais importante é a qualidade, a diversidade e a adequação dos livros à faixa etária de seu filho.

O contato físico com os livros e os diversos materiais de que são feitos estimulam a curiosidade das crianças.

A *exploração sensorial* é essencial para desenvolver essa familiaridade com os livros. Assim, aos poucos, eles deixarão de ser apenas brinquedos e se tornarão oportunidades de brincar de ler. ▶▶

Um cantinho reservado para os livros é essencial. Pode ser uma caixa, um cesto ou mesmo uma prateleira, desde que estejam ao alcance da criança.

Além de dar acesso aos livros, é importante que você compartilhe o hábito de leitura com seu filho, tornando-se um modelo de leitor. Ensine-o a manusear o livro: virar as páginas, observar as ilustrações. Leia com ele e para ele.

Lembre-se de que você é um modelo para seu filho em vários aspectos. As crianças aprendem imitando os adultos. Por que não ensinar o prazer da leitura?

Para concluir, é importante ressaltar que há diversas maneiras de propiciar o contato de seu filho com a leitura: visitar bibliotecas públicas, frequentar livrarias, assistir a eventos em feiras de livros, conhecer livros diferentes, participar de um clube de leitura e muito mais.

Assim, a criança entrará em contato com diversos espaços repletos de livros e novos leitores para se inspirar neles, além da própria rede de contatos próximos: escola e família. ✖

DICAS DE •••

••• Livros para uma cuca bacana – Página de busca de livros de literatura infantil da revista *Crescer*.
▶ Disponível em: http://editora.globo.com/especiais/crescer_cuca_bacana/resultadoBusca.asp. Acesso em: maio 2019.

••• *A Taba* – Livros para ler em rede.
▶ Disponível em: https://loja.ataba.com.br. Acesso em: maio 2019.

••• *Sistema Nacional de Bibliotecas Públicas*.
▶ Disponível em: http://snbp.cultura.gov.br/sebps. Acesso em: maio 2019.

OUTRAS PALAVRAS

▶ **5 passos para ser um bom contador de histórias para o seu filho**

Uma boa história precisa de... vontade! Isso é tudo [de] que você precisa para uma gostosa leitura junto com seu filho. Alguns gostam de interpretar mais, outros são mais contidos, mas a verdade é que o simples fato de você querer ler para o seu filho já é um grande passo. É claro que um clima de magia e um bom contador de histórias tornam tudo ainda mais especial. Mas você não precisa proporcionar isso a ele só quando vão ao teatro, por exemplo. Com disposição e entrega, dá para ir além e criar essa atmosfera na sua própria casa. Para comemorar o **Dia Internacional do Contador de Histórias**, comemorado em 20 de março, a especialista Martha Teixeira elaborou 5 passos para aprimorar sua "técnica" e que vão render uma boa aventura com o seu filho. Confira e aproveite muito este momento!

1º passo	Escolha uma história adequada para a idade e para a situação que a criança está vivendo. Quando mais elementos da história ela puder reconhecer, melhor será o interesse.
2º passo	Antes de ler o livro [para] seu filho, faça-o primeiro para você, para que as partes impactantes fiquem bem gravadas e você consiga deixá-las ainda mais emocionantes. Se vai tirar a história da cachola e não de um livro, faça o mesmo, contando para você antes de contá-la ao seu filho.
3º passo	Uma narrativa leva ao mundo da imaginação e do sonho, então, nada melhor do que criar um clima antes de começar a leitura. Prepare um espaço para a história, vale um cantinho especial no quarto, a luz mais baixa, almofadas no chão...
4º passo	Dar ritmo à narrativa é um dos mais importantes, afinal, história que é boa mesmo precisa ter ritmo. Se o herói está mais pensativo, fale mais pausadamente e com tom de voz mais baixo. Se ele estiver em um momento mais intenso, uma fala firme e apressada combina bem e vai prender a atenção do seu filho.
5º passo	Dê um bom fechamento à história. Por isso, "amanhã eu continuo" vai deixar a criança pequena ansiosa. Leia até o fim. E lembre-se de que o seu filho precisa sonhar e, por isso, quanto mais mágico for o final, mais realizado ele ficará. E tem jeito melhor de embalar o sono?

Crescer, 12 fev. 2015. Disponível em: https://revistacrescer.globo.com/Livros-pra-uma-Cuca-Bacana/Para-amar-ler/noticia/2014/03/5-passos-para-ser-um-bom-contador-de-historias-para-o-seu-filho.html. Acesso em: jul. 2019.

4 As crianças e as tecnologias

As tecnologias digitais são uma realidade na vida das crianças que nasceram na última década. Assim, é natural que façam parte da educação e de suas diversas esferas.

Nossa função é orientar nossos filhos para que possam, de maneira segura e dentro de limites saudáveis de uso, usufruir ao máximo dessas tecnologias.

No mundo cada vez mais digitalizado, é possível ensinar as crianças e aprender com elas, visto que têm tanta ou mais facilidade do que nós para usar esses recursos. Coloque-se ao lado da criança, pergunte a que tipo de vídeo ela gosta de assistir no *tablet*, por exemplo; observe e ofereça algumas alternativas.

Vocês podem ouvir música, ler livros no celular ou ainda instalar jogos educativos, desde que sempre sob sua supervisão.

É fácil, até mesmo para adultos, perder a noção do tempo no mundo digital. Como saber quanto tempo pode ser dedicado às telas? Bom senso é a resposta mais adequada. Os pequenos aprendem por meio dos sentidos, dos movimentos e das ações. Dessa forma, quanto menor a criança, menos tempo ela deve dispensar às telas.

Crianças entre 2 e 6 anos devem ter acesso à tecnologia como mais uma de suas atividades. Embora possa ocorrer concomitantemente com outras atividades de seu cotidiano, não deve substituí-las.

Assim, momentos como os que antecedem a hora de dormir e aqueles dedicados à alimentação ou higiene, por exemplo, devem ser desprovidos de quaisquer tecnologias digitais. Antes de dormir, o tradicional livro impresso pode ser a companhia ideal; nas refeições, a atenção deve estar voltada aos cheiros, sabores e texturas dos alimentos; e, nos momentos de higiene, é possível trabalhar os sentidos e a consciência corporal da criança.

Nos momentos de lazer, é essencial variar passeios e brincadeiras para que as crianças vivenciem o mundo real para além das telas e, de preferência, ao ar livre.

Em relação às redes sociais, há regras por elas estabelecidas, bem como outros aplicativos e *softwares*. Não se esqueça: seu exemplo continua sendo a melhor orientação.

DICAS DE ●●●

- … Abra as orelhas: 20 bandas para ampliar o repertório das crianças. *Lunetas*, 12 dez. 2016.
  - ▶ Disponível em: https://lunetas.com.br/abra-as-orelhas-20-bandas-para-ampliar-o-repertorio-das-criancas. Acesso em: maio 2019.
- … Dá o *play*! 14 canais infantis no YouTube livres de publicidade. *Lunetas*, 4 jan. 2019.
  - ▶ Disponível em: https://lunetas.com.br/canais-infantis-no-youtube. Acesso em: maio 2019.
- … Curtas que arrebatam. *Laboratório de Educação*. Seleção de curtas para crianças.
  - ▶ Disponível em: https://labedu.org.br/serie/curtas-que-arrebatam. Acesso em: maio 2019.
- … *Turma da Mônica*: página com quadrinhos, vídeos, passatempos etc.
  - ▶ Disponível em: http://turmadamonica.uol.com.br. Acesso em: maio 2019.
- … Poemas musicados de Manoel de Barros viram app, de Bia Reis. *Estante de letrinhas*, 11 jun. 2019. Aplicativo para IOS e Android com poemas musicados do poeta.
  - ▶ Disponível em: https://cultura.estadao.com.br/blogs/estante-de-letrinhas/poemas-de-manoel-de-barros-musicados-viram-app. Acesso em: maio 2019.
- … *Kidsbook*: Site com 11 livros infantis para ler no celular.
  - ▶ Disponível em: www.euleioparaumacrianca.com.br. Acesso em: maio 2019.

OUTRAS PALAVRAS

▶ Filhos e tecnologia

É inegável o quão fundamental a tecnologia se tornou em nossas vidas no mundo atual: modificou nossa forma de trabalhar, nossas atividades domésticas, a forma de interagir, se relacionar e se informar. Pra nós, adultos, é um processo de aprendizagem e adaptação diário, mas para nossos filhos simplesmente faz parte de ser e estar neste tempo; dá até pra desconfiar que já nasceram com esse "chip".

Nesta invasão tecnológica vieram as redes sociais, os canais, as formas alternativas de comunicação que já se tornaram, na realidade, um padrão, mais regra que exceção. Estão em grande parte do que realizamos e de como nos comunicamos; o que define sua qualidade é a forma como são usadas.

Pelo fato de as mídias não serem essencialmente maléficas ou benéficas, acredito que nossa tarefa enquanto pais é a de estar atento para conseguir proteger a nós e nossos filhos do que entendemos como danos possíveis de um uso inadequado; bem como também faz parte do nosso papel compreender e reconhecer seu potencial enquanto ferramenta para o bem e um uso saudável.

Balança difícil esta! Na prática acredito que sabemos como proceder: colocamos regras, tempo e limites para o uso, controle de conteúdo, senhas e rastreadores. Buscamos todos os recursos na tentativa de lidar com a distância que essa experiência nos coloca de nossos filhos. Mas, o que mais está por trás deste funcionamento atual, que não estamos conseguindo enxergar?

A dinâmica dos novos tempos fala do abismo que alimentamos em nossas relações. Pais e mães que trabalham muito, filhos em atividades em tempo integral e vínculos virtuais rasos, sem olho no olho, toque, tom de voz, tempo e disposição. Para nossos filhos é a chance de buscar independência, visto a falta de controle dos pais/responsáveis e professores sobre o uso das redes sociais.

As redes acabam sendo também o espaço através do qual nossos filhos buscam referências, testam sua aceitação social e afetiva, se asseguram pelo gosto comum e constroem parte de sua identidade. É o lugar em que me exponho sem ter um rosto e me arrisco de forma protegida. É aí que está a grande questão: falta experiência de vida real, em um universo que eu não "desligue" quando eu tiver que encontrar recursos para lidar com algo que eu não controlo. Experiências virtuais de forma maciça podem tornar nossos filhos muito vulneráveis para o mundo real.

OUTRAS PALAVRAS

Ou seja, é parte importante do nosso papel ajudar nossos filhos a se manterem conectados com o real e acredito que o melhor caminho ainda seja a conversa. Eles precisam acreditar na possibilidade de falarmos a mesma língua, precisam confiar para buscar nossa ajuda e orientação. Daí a necessidade de estarmos inteirados, atentos e coerentes para podermos ser exemplo.

Cabe a nós ensiná-los a usar as ferramentas que o mundo proporciona, discutir o tempo, a intenção e a motivação para usá-las. Não é apenas quando se quer ou se sente apto para isso, mas sim quando se compreende o uso e se percebe pronto para assumir tal responsabilidade. É preciso ter disposição para ouvir, dialogar e estabelecer acordos que precisarão ser cumpridos com firmeza e segurança.

Isso não diz de privar nossos filhos da possibilidade de amadurecer no cenário em que estão inseridos, mas sim de criar um acesso menos invasivo e mais participativo na vida deles, dentro e fora das redes sociais. Compartilhar experiências pessoais, levantar assuntos, assistir a documentários/filmes, promover atividades que favoreçam uma troca sincera e saudável são caminhos. Seja presente e nunca esqueça que é uma via de mão dupla: ofereça aquilo que deseja receber!

ADERALDO, Maria Amélia. Filhos e tecnologia. *Estadão*, 1º jun. 2017. Disponível em: https://educacao.estadao.com.br/blogs/aprendendo-a-aprender/filhos-e-tecnologia. Acesso em: jul. 2019.

5 Atenção ao *bullying*

Ao se falar de *bullying*, temos sempre em mente dois aspectos: vítima e agressão. Entretanto, para que ele seja devidamente caracterizado, é preciso observar as seguintes dinâmicas: entre pares, repetição, agressor e plateia.

Assim, o *bullying* característico ocorrerá de forma repetida e entre pares, sendo pontuado por agressões – físicas ou psicológicas – intencionais e em situações em que é possível identificar a vítima, o agressor e, em muitos casos, uma plateia apoiadora dele.

Essa dinâmica de violência ocorre de maneira generalizada em escolas públicas e privadas, afetando, em geral, crianças que, por causa de alguma característica particular – como ser a mais alta, a primeira da turma a usar óculos ou o menino mais dedicado etc. –, são vistas como diferentes do restante da turma. Essa diferenciação leva à exclusão delas do grupo e a um consequente isolamento.

Nos primeiros anos escolares, quando as crianças ainda são bem pequenas, há ocorrências pontuais de agressão, que estão diretamente relacionadas com os processos de identificação entre o eu e o outro, o meu e o seu, o aqui e o agora, mais do que o *bullying* qualificado.

Mesmo assim, é sempre importante atentar às dinâmicas de repetição: se uma criança agride outra criança específica com determinada frequência, isso pode ser considerado uma situação de *bullying*.

Acima de tudo, promover atitudes de respeito e solidariedade, seja por meio de exemplos, seja por meio de breves comentários, é papel da família. Uma ótima maneira de fazer isso é utilizar histórias de literatura infantojuvenil.

DICAS DE ...

... E não tinha briga não!, de Marcia Gloria Rodriguez Domingues (Editora do Brasil).

Feito cão e gato, eles viviam, dividiam o mesmo prato e dormiam no mesmo balaio. Brincavam juntos e se davam bem. Há alguma coisa errada aí! Como pode cachorro e gato não brigarem? Pois é, esses eram diferentes, e entre eles não tinha briga, não.

OUTRAS PALAVRAS

▶ O que é *bullying*?

O *bullying* é agredir ou humilhar outra pessoa de maneira repetida ao longo do tempo. Insultar, espalhar rumores, ferir física ou emocionalmente e ignorar alguém também são formas de *bullying* entre estudantes. O *bullying* pode ocorrer pelo celular, pessoalmente, por escrito, na escola, no bairro, em algum meio de transporte ou em outros espaços onde as crianças e adolescentes se encontrem com frequência, como as redes sociais. Seja onde for, o *bullying* não deve ser permitido, é inaceitável. O *bullying* é um problema que afeta milhões de meninos e meninas sem importar de onde são, nem de onde vêm. É um problema grave, principalmente nas escolas, que precisa ser resolvido o quanto antes.

Como começar uma conversa?

Falar do problema do *bullying* é importante, independentemente de seu filho ou filha estar envolvido(a) ou não. É uma forma de prevenir situações negativas; de abrir espaços de diálogo para que ele ou ela saiba que, se confrontado(a) com uma situação desse tipo, pode falar com você; e também de gerar confiança para que ele ou ela conte se algo está acontecendo, mas não pôde falar até agora. [...]

Se o menino ou menina é pequeno(a), além do diálogo, você pode seguir as sugestões abaixo, principalmente se perceber que ele ou ela está tendo dificuldades de relacionamento com os colegas:

- Convide seus colegas para brincar em casa. Trate de incluir diversas crianças, não só aquelas que já têm vínculos com ele ou ela.
- Estimule a participação em atividades em grupo (atividades recreativas, esportivas ou sociais).
- Quando comemorar um aniversário, tente convidar toda a turma da sala, sem discriminar ninguém. Todos são colegas, embora nem todos sejam amigos e amigas.

OUTRAS PALAVRAS

- Fale sobre a diferença entre colegas e "melhores amigos e amigas", sempre ressaltando a importância de ser educado e se dar bem com todo o grupo.
- Em casa, não estimule atitudes de competitividade entre as crianças.
- É necessário que as orientações sobre não discriminação e respeito pelas diferenças sejam valores compartilhados pela família para que a criança os assuma também como valores próprios.

PLAN INTERNACIONAL; CARTOON NETWORK. *Chega de bullying*: não fique calado – Para pais, mães e responsáveis. Apostila 5. Disponível em: www.educacao.sp.gov.br/a2sitebox/arquivos/documentos/788.pdf. Acesso em: jul. 2019.

6 Brincando a qualquer hora

Uma efetiva parceria entre a família e a escola é capaz de criar ricas oportunidades de aprendizagem. Assim, será possível à criança se desenvolver de acordo com suas necessidades e interesses de maneira autônoma.

Uma das melhores maneiras de aprender na infância são as brincadeiras: estimule o desenvolvimento de seu filho brincando em família!

Brincar envolve questões importantes, desde o desenvolvimento de habilidades motoras e cognitivas até laços afetivos e sociais. A coordenação dos movimentos e a aquisição da fala podem ser desenvolvidas mirando a capacidade de expressar sentimentos e o respeito pelos outros.

Dessa forma, considere que o brincar pode e deve fazer parte de seu dia a dia com as crianças. Brincar é a maneira pela qual a criança descobre o mundo e a si mesma. Quando seu filho era bebê, ele brincava de colocar o pezinho na boca? Ele estava conhecendo o próprio corpo! E quando atirava o mesmo objeto diversas vezes no chão? Ele estava reconhecendo as características dos objetos com os quais entrava em contato, como fazer ruídos, cair, poder ser moldado etc.

É importante que a criança brinque sozinha, com outras crianças e com a família. Cada tipo de brincadeira demanda diferentes habilidades, a serem desenvolvidas em cada interação. Não importa o tempo destinado à brincadeira, mas a qualidade da interação entre adultos, crianças e brinquedos. Assim, brincar com seu filho é um presente que você pode lhe dar todos os dias.

A brincadeira pode acontecer a qualquer hora e você pode transformar situações cotidianas em algo divertido, por exemplo: empilhar tampas e panelas durante o preparo das refeições ou fazer uma cantoria em família durante o banho.

Há diversas maneiras de brincar, e jogar bola ao ar livre em um dia de sol pode ser tão divertido quanto desenhar e pintar deitado no chão da sala de casa em dias chuvosos. A brincadeira pode acontecer quando se ganha um brinquedo novo ou quando se fazem os próprios brinquedos.

É sempre bom lembrar: a infância passa rápido, mas as memórias permanecem. Construa, com seu filho, essas memórias de aprendizagem e afeto.

OUTRAS PALAVRAS

▶ **Tempo de brincar**

Mais do que horários predeterminados e atividades guiadas, seu filho precisa de momentos livres para brincar. [...]
Por Daniele Zebini

"Nunca foi tão importante para a humanidade a consciência dos benefícios do brincar, do jogar e de fazer atividade física e desporto." A constatação do professor da Faculdade de Motricidade Humana de Lisboa, Carlos Neto, um estudioso do brincar, é um alerta para os pais sobre o papel da brincadeira como parte fundamental do desenvolvimento infantil. Afinal, durante os primeiros anos de vida, ela traz uma série de vantagens: na estruturação do cérebro e respectivos mecanismos neurais; na evolução da linguagem; na capacidade de adaptação física e motora; na estruturação cognitiva e resolução de problemas; nos processos de socialização; e na construção da imagem de si próprio. "Brincar é adaptar-se a situações imprevisíveis, por meio de ações diversas na utilização do corpo em espaços físicos e na relação com os outros. Por isso, se torna fundamental a existência de atividades livres que promovam o jogo simbólico (faz de conta), o jogo com objetos (naturais e construídos), o jogo social (relação com amigos) e o jogo de atividade física (corrida, fuga, perseguição, luta)", explica Neto.

E você sabia que a evolução do ser humano se fez também por meio da diversão? É o que mostrou o estudo *The Importance of Play* ("A importância do brincar"), conduzido pelo professor doutor David Whitebread, diretor do Centro de Pesquisa do Brincar na Educação, Desenvolvimento e Aprendizado da Faculdade de Educação da Universidade de Cambridge (Inglaterra). "Nós evoluímos para ser a espécie que mais brinca na Terra e, para todos os aspectos do desenvolvimento humano, existem formas de brincadeiras que aparecem envolvidas em nossa aprendizagem", afirma Whitebread. "No que diz respeito à saúde, a atividade física promovida pelo brincar é importante, e a brincadeira parece ser um bom indicativo de saúde mental. Dizem que o oposto de brincar não é trabalhar, é depressão", acrescenta.

Sem pressão

Você já observou a agenda do seu filho? Não tem compromissos demais e tempo livre de menos? "As crianças podem ter rotina, mas não uma semelhante à dos adultos ou à do mundo do trabalho. Precisam brincar livremente. Muitos pais até acreditam no tempo do brincar, porém, desejam que ele provoque alguma 'aprendizagem'. Assim, ele perde o que há de mais potente: a liberdade de criar e recriar", lamenta Raquel Franzim, assessora pedagógica da área de Educação e Cultura da Infância do Instituto Alana.

OUTRAS PALAVRAS

Nessa ânsia de aprendizado o tempo inteiro, há quem acredite que apenas a atividade guiada é capaz de ensinar. E não é assim. Um estudo recente realizado nos Estados Unidos constatou que, quanto menos estruturado o tempo que as crianças têm em casa, mais desenvolvidas são suas capacidades de autocontrole na escola – como a habilidade de controlar a atenção e o comportamento – o que prevê melhores resultados acadêmicos e emocionais. "A brincadeira livre, iniciada e conduzida pela criança, permite que ela estabeleça a si mesma seus próprios desafios e persiga seus próprios interesses", afirma Whitebread.

Para Maria Ângela Barbato Carneiro, coordenadora do Núcleo de Cultura e Pesquisas do Brincar da Faculdade de Educação da PUC-SP, as atividades assistidas não permitem à criança desenvolver a criatividade e a fantasia, essenciais para o desenvolvimento do raciocínio simbólico. "Primeiro, a criança simboliza, depois significa. Se ela não tiver liberdade para criar, ela será sempre um mero repetidor. Por isso, os brinquedos eletrônicos, que fazem tudo sozinhos, não são interessantes", ressalta. Você, aliás, já deve ter passado pela experiência de presentear o seu filho com o brinquedo que tanto queria, e ele ficar mais encantado com a caixa de papelão que o envolvia. Sabe por quê? "Isso demonstra que as crianças gostam e precisam de materiais que estejam abertos para sua criação", reforça Raquel. Por isso, o equilíbrio é tudo.

Essa diversidade, aliás, deve estar presente também nos locais onde o seu filho brinca. É sempre dentro de casa? Na brinquedoteca do prédio? Ofereça mais repertórios. Brincar ao ar livre permite que ele se movimente com mais liberdade, teste limites, desenvolva habilidades, como organização espacial e equilíbrio, entre outros ganhos, como o social, ao se relacionar com diversas crianças. [...]

É fato que, ao ampliar possibilidades à criança, o risco aumenta, e isso é saudável. Machucados fazem parte da infância, o que não pode acontecer é que o medo dos pais limite as experiências e os aprendizados dos filhos. Cuidado é diferente de superproteção. Não se esqueça! "Os pais são responsáveis pelo bem-estar físico, social, alimentar e emocional das crianças. Mas isso não pode impedir que elas corram alguns riscos. Aqueles que pensam, 'isso é perigoso', deveriam se perguntar: 'O que meu filho deixa de aprender se não vivenciar isso?'. O mesmo acontece em relação à sujeira. A criança aprende o mundo com todo o seu corpo e com diferentes movimentos, não apenas com os dedos de uma mão", alerta Raquel, do Instituto Alana. Então, relaxe, e embarque junto com o seu filho nesse mundo de diversão, que passa tão rápido, mas que vai render lembranças inesquecíveis para o resto da vida dele. [...]

ZEBINI, Daniele. Tempo de brincar. Crescer, 24 abr. 2017. Disponível em: https://revistacrescer.globo.com/Primeira-Infancia/noticia/2017/04/tempo-de-brincar.html. Acesso em: jul. 2019.

Brincando com seu filho

Atividades manuais para fazer com a criança

Mímica

Brinque de mímica com seu filho! Instrua-o a fazer gestos e expressões faciais sem usar palavras e sem fazer nenhum tipo de som. Explique-lhe que os movimentos do corpo devem ser lentos e precisos para que o espectador consiga compreendê-los. Uma dica é iniciar o jogo fazendo mímica de animais, depois mímica de profissões, e assim por diante.

Animais com folhas secas

A diversão não para e, juntos, vocês podem deixar a imaginação fluir. Peguem folhas secas de diferentes formatos e criem os mais variados animais. Além da folha de papel, vocês precisarão de cola e canetinhas hidrocor.

Um dos momentos mais interessantes pode ser o de escolher e coletar as folhas secas. Seja no jardim, seja na rua, seja em uma praça, vale o passeio!

Centopeia de caixa de ovos

Que tal construir uma centopeia para brincar? Separe uma caixa de ovos de papelão, cola, tesoura de ponta arredondada, tinta guache colorida e pincel, além de cartolina ou outro material adequado para fazer as patinhas, como palitos de picolé. Siga com seu filho o passo a passo e incentive-o a pintar a centopeia!

Pé de feijão no copinho de iogurte

Auxilie seu filho a seguir as ilustrações que mostram como plantar feijões. Deixem o copinho próximo a uma janela, reguem-no diariamente com algumas gotas de água e observem o crescimento das plantinhas. Brincar é aprender, sim!

Dobradura de avião

Basta uma folha de papel, que pode ser branca ou colorida, para garantir a diversão! Faça a dobradura com seu filho seguindo os passos abaixo.

Imagens: Edson Antunes

Porta-lápis de rolinho de papel higiênico

Vamos organizar os materiais brincando? Junte três rolinhos de papel higiênico e corte-os em tamanhos diferentes; cole os rolinhos sobre uma base, que pode ser de cartolina; convide seu filho a pintar e enfeitar o porta-lápis!

Imagens: Lima Estúdio Gráfico

Receitas culinárias

Trufas

Seu filho vai adorar esta receita de trufas, em que ele pode, literalmente, colocar a mão na massa. Aproveitem o momento juntos!

Ingredientes:

- 500 g de pão de ló;
- 5 colheres de doce de leite;
- 100 g de manteiga;
- 100 g de chocolate;
- 200 g de coco ralado.

Modo de fazer

1. Derreta o chocolate com a manteiga.
2. Ensine seu filho a esfarelar com a mão o pão de ló até ele ficar em migalhas. O pão de ló pode ser de qualquer sabor.
3. Junte o chocolate que antes foi derretido com a manteiga. Em seguida, acrescente as colheres de doce de leite.
4. Todos os ingredientes devem ser incorporados até formar uma pasta. Estimule seu filho a misturá-los.
5. Retirem pequenas porções dessa massa e façam bolinhas com as mãos, do tamanho que desejarem.
6. Coloquem na geladeira por duas horas.

Biscoito amanteigado

Nada mais gostoso do que preparar os próprios biscoitos, divertindo-se com os diferentes formatos que podem ser criados!

Ingredientes:

- 200 g de manteiga;
- 2 xícaras de farinha de trigo;
- 2 xícaras de amido de milho;
- 1 ¼ xícara de açúcar.

Modo de preparo

1. Preaqueça o forno a 180 °C.
2. Peça a seu filho que misture todos os ingredientes com as mãos e, com um rolo, abra você a massa em cima de uma tábua polvilhada com farinha.
3. Façam os biscoitos usando cortadores de vários formatos.
4. Coloque em uma assadeira, sem untar, e leve ao forno preaquecido por aproximadamente 20 minutos.
5. Retire os biscoitos do forno assim que começarem a ficar levemente dourados. Eles só endurecerão depois de esfriar completamente.

Sugestões de leitura

CHALUH, Laura Noemi. *Educação e diversidade*: um projeto pedagógico na escola. 2. ed. Campinas: Alínea, 2013.

COPETTI, Jordano. *Dificuldades de aprendizado* – Manual para pais e professores. 2. ed. Curitiba: Juruá, 2008.

COSTA, Livia Fialho; MESSEDER, Marcos Luciano L. *Educação, multiculturalismo e diversidade*. Salvador: Edufba, 2010.

CRAMER, Eugene H., CASTLE, Marrietta. *Incentivando o amor pela leitura*. Porto Alegre: Artmed, 2001.

FANTE, Cleo. *Fenômeno bullying*: como prevenir a violência nas escolas e educar para a paz. Campinas: Verus, 2005.

KISHIMOTO, Morchila Tizuko (Org.). *Jogo, brinquedo, brincadeira e educação*. 14. ed. São Paulo: Cortez, 2011.

KRAMER, Sonia (Org.). *Infância e Educação Infantil*. Campinas: Papirus. 2007.

LOPEZ, Jaume Sarramona. *Educação na família e na escola*. São Paulo: Loyola, 2002.

MARTORELL, Gabriela. *O desenvolvimento da criança*: do nascimento à adolescência. Porto Alegre: Artmed, 2014.

MAUÉS, Danio. *Bullying*: que brincadeira é essa? São Paulo: Paulus, 2012.

MCGUINNESS, Diane. *O ensino da leitura*: o que a ciência nos diz sobre como ensinar a ler. Porto Alegre: Artmed, 2006.

OLIVEN, Ruben George. *A parte e o todo* – A diversidade cultural no Brasil-nação. 2. ed. Rio de Janeiro: Vozes, 2006.

SIEGLER, Robert. *Inteligências e desenvolvimento da criança*. São Paulo: Instituto Piaget, 2004.

TUTTLE, Cheryl Gerson. *Invente jogos para brincar com seus filhos*. São Paulo: Loyola, 1996.

VALENTE, Ana Lucia E. F. *Educação e diversidade cultural*. São Paulo: Moderna, 1999.

VASCONCELOS, Tânia (Org.). *Reflexões sobre a infância e cultura*. Niterói: EdUFF, 2008.

VEQUI, Vilmara Pereira. *Educação e família*: dimensões afetiva, cognitiva e de socialização das crianças. Itajaí: Casa Aberta, 2010.